PRÓLOGO: Joaquín Abenz

BASES y CIUDADES

SUBTERRÁNEAS

BENJAMÍN AMO

Bases y ciudades subterráneas
Primera edición, año 2016
© de la obra: Benjamín Amo

Rebelión Editorial
info@rebelioneditorial.com

ISBN: 978-84-945422-2-0
Depósito: MU 509-2016

Diseño y maquetación: Sara García

ÍNDICE

PRÓLOGO

El 25 de noviembre de 1864 el genial escritor Julio Verne, el "profeta de la ciencia", publicaba su novela "Viaje al centro de la Tierra". En ella narraba la aventura de un erudito profesor de mineralogía en su expedición a las entrañas del planeta. En aquel momento sorprendió a todos con su imaginativa descripción de enormes espacios ubicados a grandes profundidades, donde todo un microcosmos se había desarrollado. Un universo dentro de nuestro propio mundo. Con su relato muchas generaciones soñaron con explorar ese desconocido y enorme misterio que constituye el interior de la vieja nave esférica con la que viajamos por el espacio, pero cuyas bodegas desconocemos en gran medida.

La fascinación por lo subterráneo está presente en la mente de los seres humanos desde los albores de la humanidad. No es fácil entender como nuestros más remotos antepasados fueron capaces de arriesgar su vida internándose en profundas y oscuras galerías, alumbrados por rudimentarias lucernas de hueso (o de piedra) que alimentaban con grasa animal, tan solo para realizar una pintura en un lugar donde nadie podría admirarla. Resulta complicado para una mente digital de nuestro tiempo adivinar la razón por la que en cuevas como la del Castillo, en Puente Viesgo (Cantabria), hace más de 40.000 años, alguien dejó las huellas de sus manos (como las nuestras) en la fría piedra de las paredes de la gruta, o dibujó extraños trazos esquemáticos cuyo significado posiblemente jamás podamos conocer.

Desde la prehistoria hasta la antigüedad, lo subterráneo ha inspirado la creencia en el inframundo de lo infernal. En el año 24 antes de Cristo, el geógrafo griego Estrabón, afirmó haber estado muy cerca de la "Puerta del Infierno". Describió este enclave como *"un lugar lleno de un vapor tan denso que apenas permite ver el suelo"* y en el que cualquier criatura que entraba *"encontraba una muerte instantánea"*. Aquel lugar maldito, donde se hallaba la entrada al reino de los muertos, fue situado por Estrabón en la ciudad de Hierápolis, que acabó destruida por un terremoto en año 17 de nuestra era. Los restos de esta ciudad se encuentran en el suroeste de Turquía.

A principios de 2013 un grupo de arqueólogos italianos que trabajaba en las ruinas de Hierápolis, cuando investigaba el cauce de un manantial termal, encontró la entrada a una gruta de la que manaban vapores sulfurosos. Sin pretenderlo, habían descubierto la mítica puerta al inframundo de la que hablaba Estrabón.

A su lado había una piscina donde los peregrinos que aspiraban aquellos vapores experimentarían, probablemente, visiones y alucinaciones. Del mismo modo, los animales que se acercasen demasiado a la salida de los gases morirían intoxicados; fomentando la creencia en la naturaleza infernal de la cueva. Una vez más, lo que se escondía en el subsuelo cautivaba y aterraba al mismo tiempo al ser humano. Así pues, ¿qué mejor sitio que las entrañas de la Tierra para ocultar y proteger aquello que no debe ser conocido?

Ya en los principios de nuestra era, colectivos iniciados como los esenios eran conocedores de este secreto. Por ello ocultaron en las cuevas de Qumran casi un millar de manuscritos con los textos mas preciados para su comunidad. Los cristianos perseguidos por la Roma pagana también utilizaron las grutas de las catacumbas para protegerse y ocultar su legado. Los faraones egipcios supieron construir en el Valle de los Reyes un complejo de tumbas excavadas en el subsuelo, donde dar reposo a sus momias para preservar su integridad en la vida futura.

En todo momento de la historia podemos encontrar ejemplos de espacios subterráneos que son utilizados como refugios ante persecuciones; como criptas para albergar y preservar los cuerpos de los muertos, o a modo de "arcas de conocimiento" donde salvaguardar para la posteridad aquello que no debe perderse. Además, aunque parezca increíble, algunas civilizaciones antiguas fueron capaces de construir verdaderas ciudades bajo la superficie terrestre; algunas de ellas a profundidades tales que su diseño, cálculo y ejecución supondría todo un desafío para la más avanzada ingeniería del siglo XXI. El ser humano aprovechaba su inteligencia para copiar a la naturaleza, construyendo grutas artificiales en las que ocultarse, protegerse o preservarse.

Entre la leyenda y la exageración (pero con elementos de realidad), las historias que hablan acerca de bases secretas construidas por los gobiernos de las más grandes potencias del planeta, con intenciones no siempre confesables, jalonan la literatura fantástica, pero también han aparecido en reiteradas ocasiones en medios de comunicación (no siempre ligados a los denominados "cronistas de la conspiración") a lo largo de los años.

Cuando tuve noticia de que en el término municipal de Manzanares (en la provincia de Ciudad Real) podría existir una de esas instalaciones subterráneas secretas, me sorprendí en gran medida, me resultó altamente interesante porque era algo mucho mas cercano y tangible. Una historia que se alejaba de la imagen caricaturizada de las películas de espías de serie B, y empecé a intentar averiguar qué podía haber de real entre tantos y tantos rumores.

Animado por ese pálpito que a veces nos mueve a los buscadores de historias insólitas, decidí dedicar una serie de espacios dentro del programa "El último peldaño" (que se emite cada viernes en la radio autonómica de la Región de Murcia, Onda Regional, desde hace ya más de 25 años) a la divulgación de las "bases", "ciudades" e "instalaciones subterráneas y secretas", de las que se tiene noticia o sospecha.

No dudé, ni una décima de segundo, que la persona idónea para protagonizar aquella búsqueda "subterránea" tenía que ser el periodista y escritor Benjamín Amo. Su entusiasmo, capacidad y pasión por lo insólito le hacían el colaborador ideal para el proyecto. Benjamín aceptó la propuesta y la serie fue un rotundo éxito.

En este libro Benjamín Amo ha dado un paso más. Ha recopilado una ingente cantidad de información con la que nos va a mostrar un universo de túneles, bóvedas, pasadizos, depósitos, instalaciones y almacenes cuyo uso verdadero no siempre está suficientemente claro, pero que han despertado el interés de periodistas, investigadores y ciudadanos. Y lo continúan despertando.

Junto a clásicos del misterio de las bases secretas, como puede ser la celebérrima instalación del Área 51, en Nevada (EEUU) -que tantas veces fue relacionada con el fenómeno OVNI- o la también conocida pero nunca explicada ciudad subterránea de Derinkuyu, en la región turca de Capadocia, hasta las menos famosas, como la ciudad subterránea del Pueblo Lagarto, o la base de Burlington, pasando por los "enclaves patrios" como el búnker de la Moncloa, el de Torrejón de Ardoz, o la ya mencionada instalación de Manzanares en Castilla-La Mancha (conocida como "El Doctor). Todos ellos representan algunos ejemplos de las bases y ciudades secretas (o discretas) que se estudian y se presentan en este libro.

Así pues, prepárense para bajar a los niveles más profundos de un misterio que por raro que nos parezca está mucho mas cercano de lo que podamos imaginar. Muchas veces caminaremos sobre estas instalaciones sin que seamos conscientes de que bajo nuestros pies se puede estar trabajando en la interceptación de comunicaciones entre agencias gubernamentales; se pueden estar desarrollando prototipos militares, armas futuristas o dispositivos energéticos ultrasecretos, o tal vez exista un búnker para protegerse de un apocalipsis nuclear o biológico. ¡Quién sabe!

Las páginas que vienen a continuación representan una búsqueda de la realidad que podemos descubrir cuando somos capaces de limpiar un poco el polvo de la rumorología y nos quedamos con la noticia objetiva. Porque a veces, bajo esas escuetas, frías y aparentemente insignificantes noticias, existe una "Cara B" que nos sorprenderá.

Escoja un lugar tranquilo, acomódese, ajuste la intensidad de la luz adecuadamente y dispóngase a entrar en lo más profundo de un ultramundo subterráneo que esconde los secretos mejor guardados...

Joaquín Abenza Moreno
Director del programa "El último peldaño"

BASES E INSTALACIONES
SUBTERRÁNEAS

Base "El Doctor"

No esta escogido al azar este primer capítulo del libro, tiene su porqué. Con esta base empezó todo. Todavía recuerdo la llamada de Joaquín Abenza en la que me invitaba a iniciar una serie de entregas para su programa, El Último Peldaño, sobre bases subterráneas. Me pasó una noticia de El País[1] sobre un remoto lugar de La Mancha como "El Doctor".

Y es que siempre que hablamos o pensamos en bases subterráneas, o bases secretas, viene a nuestra mente la mítica Área 51 en EE.UU, concretamente en el estado de Nevada. De ella hablaremos en este mismo libro, pero será más adelante. Sin embargo, y para ofrecer una antítesis por lo menos geográficamente, vamos a comenzar por España, por la conocida como "Base El Doctor", situada en la provincia castellano-manchega de Ciudad Real.

Es interesante comenzar, por aquello de situarnos en la historia, citando un comunicado de prensa de la desaparecida agencia de noticias Cifra, del año 1959:

---

1 elpais.com/diario/1996/05/31/espana/833493614_850215.html

Ha sido bien visto por los agricultores de esta localidad de Manzanares que un súbdito alemán, Eberhard Kieckebusch, haya pasado a engrosar el censo agricultor de esta villa, al adquirir por la cantidad de 6.500.000 de pesetas una hermosa finca de este término municipal. Esta finca, es conocida como "El Doctor". Se encuentra ubicada entre las localidades manchegas de Daimiel, Bolaños y Manzanares.

Un espía alemán

El hombre al que la prensa de la época, y lugareños, identificaban como un alemán metido a agricultor en tierras manchegas, era en realidad uno de los espías nazis más activos en nuestro país, y es que pese a ser España un país aparentemente neutral, se prestó para que la Alemania de Hitler ubicará en nuestro país todo su aparataje de espionaje.

De esta manera y con el tiempo Eberhard Kieckebusch, llegó a ser conocido por su alias español: "Pedro".

Tras la confusión inicial, en la que los lugareños daban al alemán como un nuevo y moderno agricultor, vino el momento de conocer que algo extraño sucedía en la finca. Camiones y personal militar, alemanes entrando y saliendo, instalándose en la zona... Los vecinos, acostumbrados a la tranquilidad del ambiente rural veían que algo extraño se movía en la finca "del alemán", pronto se dieron cuenta de que algo ajeno a la agricultura convencional que ellos conocían se estaba llevando a cabo allí, sin embargo y aparentemente solo un par de pequeños edificios se divisaban en la superficie. El acceso al perímetro fue restringido y protegido celosamente por personal militar.

Y así fue como en 1961, tras la pertinente y secreta adecuación del lugar, comenzó a operar en tierras manchegas el servicio secreto alemán, con el auspicio y beneplácito de las autoridades españolas de la época.

¿Qué hacían allí?

Las especulaciones en este sentido son de todo tipo, todos los habitantes de la zona han oído hablar de la base, y de alguna manera todos parecen tener constancia de que sea lo que sea lo que allí hay es de sumo secreto, tanto en el pasado como en el presente.

Con el paso de los años se produjo cierto "relajo" en las personas que han conocido la base, sobre todo los hijos de toda esa generación, y se han podido recabar testimonios con la descripción del interior de la base y su hipotético cometido:

- Dos niveles subterráneos que recorren gran parte de la finca, unidos por anchos pasillos. Múltiples salas, quirófano, sala de control de comunicaciones, montacargas para vehículos...
- Algunos de los trabajadores vivían allí mismo y tenían un área con comedor, dormitorios, cocinas, sala de descanso, etc.
- Grandes antenas de comunicación en la superficie.
- Las edificaciones exteriores, una por lo menos, eran de vigilancia, sala de espera, guardia de identificación.

El hijo de un alemán que trabajó en la base en el periodo de 1976 a 1981, tiempo en el que fue transferida a los servicios secretos españoles, y al que llamaremos Michael, cuenta que el lugar era utilizado, tras la caída de Hitler, por el servicio secreto de la Alemania Federal (el BND) para escuchar las comunicaciones de Europa a Latino-América. Con él tuve la oportunidad de vivir un episodio del más puro estilo de cine negro, casi espionaje...

Encontré su nombre en un foro de Internet en el que afirmaba haber estado, cuando era un niño, en el interior de las instalaciones de "El Doctor". Me pareció un interesante "hilo" del que tirar, y lo hice. Me puse a ello, y aunque en este foro en el que había encontrado la declaración de Michael no figuraba ningún correo ni forma de contacto, si pude encontrar en una rápida indagación, a través de las redes sociales, al menos 3 personas que coincidían con en nombre y edad aproximada con el susodicho. Eso para quien dude de que las redes sociales son utilizadas como herramienta de espionaje social...

Finalmente di con Michael, le envíe un correo en el que le planteaba la posibilidad de entrevistarlo en unos días, para mi sección en el programa de Joaquín Abenza. Pasadas unas semanas, en las que pensaba ya no iba a contestar, esta fue su respuesta literal:

Muy estimado señor Amo,

He leído su mensaje demasiado tarde para poderle de ayudo -pero sí le sirve, para cualquier proyecto en el futuro, estoy dispuesto de encontrarme en persona con usted y dar respuestas a las preguntas que usted puedan tener y ofrecerle unas fotos quie mi padre hizo entre los años 1977 y 1981 en la Finca El Doctor.

Sí usted sea interesado yo hasta podria viajar a Madrid para responder a sus preguntas y entregar las fotos.

Como pueden imaginar mi respuesta fue prácticamente inmediata, le ofertaba la posibilidad de vernos en Madrid o, si el prefería, yo mismo viajaría hasta Alemania.

Nuevamente se abrió una brecha temporal de semanas en la comunicación, y superado el tiempo que se había tomado en su primer correo volví a escribirle para concretar nuestra cita. Tampoco hubo respuesta. Y así, de esta manera, repetí el proceso en varias ocasiones hasta llegar a la conclusión de que, por algún momento que yo desconocía, se había retractado de las intenciones de su primer y único correo. Así tuve que publicar un articulo[2] para el periódico eldiario.es sin su testimonio directo y esas misteriosas

---

2 www.eldiario.es/clm/base-secreta-Ciudad-Real-Doctor_0_310769957.html

fotos que parecían obrar en su poder, eso tanto la investigación como la primera publicación de la misma fue en mayo de 2014[3] en mi propia web benjaminamo.com.

En Octubre de 2014 el periódico El Mundo[4] publicaba un articulo sobre "El Doctor" con el testimonio de Michael y sus "misteriosas" fotos que resultaron no serlo tanto.

En esa entrevista, que fue la que no quiso concederme a mi, cuenta como su padre, Werner Fuerbass, trabajó allí de 1976 a 1981. "La finca era para escuchas. Mi padre se ocupaba de las líneas telefónicas de Sudamérica. Era una propiedad del Gobierno alemán con conocimiento del español. La seguridad -como ahora- era de la Guardia Civil". "En la misma finca tenían habitaciones. Según me contó, en el primer piso". Dentro había además piscina y bar para que se distrajeran mientras no estaban de guardia. "Yo estudiaba en el Colegio Alemán de Madrid. No estaba permitido llevar a la familia. Vestían como civiles. Los llevaban con furgonetas Volkswagen sin señales".

Lo cierto es que los vecinos de la zona cuentan toda clase de historias sobre el lugar, muchos son los que con los años se han visto relacionados directa o indirectamente con la finca. Se habla de cómo los camiones con suministros básicos como comida tenían que aparcar en la puerta de acceso, y desde allí un chofer alemán conducía el vehículo hasta el interior, para luego devolverlo a su propietario ya descargado sin que este accediera a las instalaciones...

Y ahora... ¿Qué hacen allí?

En la actualidad la finca "El Doctor" se encuentra bajo la "tutela" del Ministerio de Defensa y el CNI (Centro Nacional de Inteligencia), si bien es cierto ambos organismos se muestran totalmente

3 www.benjaminamo.com/la-base-secreta-de-ciudad-real-el-doctor/
4 www.elmundo.es/cronica/2014/10/05/54300311268e3eab788b457d.html

opacos a la hora de arrojar información sobre qué tipo de actuaciones tienen lugar en la finca. Todo parece indicar que podría seguir activa, de hecho su acceso sigue siendo extremadamente restringido, y la misión: interceptar comunicaciones ¿de quién? Eso es algo que solo sabrían en el cuartel general de la OTAN y el mencionado CNI, que son los que reciben y tratan esas "comunicaciones interceptadas". ¿Me pregunto si tendrán algo que ver con el espionaje masivo de las comunicaciones ya por todos conocido?

El senador por Ciudad Real, Hilario Caballero Moya, preguntó en julio de 2001 en el Senado por las actividades que se desarrollan en la Finca El Doctor. En la petición de este senador se solicitaba la contestación por escrito por parte del órgano correspondiente. ¿La respuesta? Dado que se solicitaba contestación por escrito, y que el reglamento del senado especifica que preguntas y respuestas deben ser publicadas en su Boletín Oficial, la Mesa de la Cámara adoptó la siguiente decisión tal y como figura en dicho boletín del 16 de julio de 2001:

La Mesa de la Cámara, en su reunión del día de hoy, ha adoptado el acuerdo que se indica respecto al asunto de referencia:
Pregunta con respuesta escrita. 661/006490.
AUTOR: Caballero Moya, Hilario (GPS).
Retirada de su pregunta sobre las actividades que se desarrollan en la finca «El Doctor», propiedad del Ministerio de Defensa y radicada en el termino municipal de Manzanares (Ciudad Real).
Acuerdo:
Dar por retirada esta iniciativa a todos los efectos, trasladar al Gobierno, publicar en el BOLETÍN OFICIAL DE LAS CORTES GENERALES y comunicar este acuerdo a su autor.
Palacio del Senado, 16 de julio de 2001.— Manuel Alba Navarro, Letrado Mayor del Senado.

¿Qué fue del espía alemán?

El Sr. Kieckebusch, el alemán que los lugareños y la prensa de 1959 confundieron con un moderno agricultor que se instalaba en la zona, y que después supimos era en realidad un espía nazi con el grado de teniente. Siguió viviendo en España, donde murió el 24 de abril de 1992, con el nombre de Pedro Eberhard Kieckebusch Kusserow. Tras la caída de la Alemania de Hitler paso a formar parte de una lista de "protegidos" por el franquismo, y con la llegada de la democracia modificó su identidad, adoptando su alias español como nombre "Pedro", e incluyendo el apellido de su mujer "Kusserow".

Acceso principal a la base El Doctor (Google Maps)

Unos de los curiosos bunkers que hay en la superficie de la base.

Muy estimado señor Amo,

he leído su mensaje demasiado tarde para poderle de ayudo - pero sí la sirve, para qualquier proyecto en el futuro, estoy dispuesto de encontrarme en persona con usted y dar respuestas a las preguntas que usted puedan tener y ofrecerle unas fotos que mi padre hizo entre los años 1977 y 1981 en la Finca El Doctor.

Si usted sea interesado yo hasta podría viajar a Madrid para responder a sus preguntas y entregar las fotos.

Si usted está interesado me puede contactar por correo electronico o por teléfono ████████

Saludos,

Miguel Fuerbass

Contenido del correo electrónico enviado por el Sr. Fürbab a Benjamín Amo.

KESSLER, Josef. In 1945 listed as German customs official refugee in Spain (OSS records).

KESTING, Wilhelm. Agent classified IV-B in OSS records. Head of Nazi Party, Sevilla. Vice-consul in Sevilla. Civilian-Diplomat. Arrived Germany from Spain May 12, 1946. Born in 1893. Address in Germany: Arolsen, Waldeck, am Hebberg 174.

KETER, Robert. In 1945 listed as German customs official refugee in Spain (OSS records).

KEYDEL, Herbert Wilhelm. Arrived Germany from Spain June 14 1946. German. DOB. 7/3/1919 in Lübeck. Address in Germany, 1946: Dummersdorferstr. 68, Luebeck (British zone).

KICKEBUSCH / KIECKEBUSCH/ KIEKEBUSCH / KLECKEIBUSCH / KIECHEBUSCH, Eberhard. From *Offizierrsliste 03.01.39: Hauptmann* (E) 01.04.34 (z.V. des OBH des Heeres) *Oberstleutnant* (01.04.42). Lt. Col. Attache of German Embassy, Madrid. Born February 2, 1896, Guesen, Germany. *Oberstleutnant. Abwehr KO Spanien. Referat I.* Agent classified A and I-B in *OSS* records. Listed as A166. Post-war: He bought a state, *Finca el Doctor*, in Manzanares (Ciudad Real), valued 6.500.000 pts in 1959 (*Agencia Cifra, 27 de febrero de 1959*).

Married a Miss. **KUSSEROW**.

KICKENWEITZ, Franz. In 1945 listed as German customs official refugee in Spain (OSS records).

KIECHLE / KIECHELE, Emilio J. S . In US list of hardened nazis for repatriation. Address: Calvo Sotelo 21, Madrid. Manager and owner of *Hispanense Industrial y Comercial*. Representative of the *Brünner Waffenwerke*. In Madrid. Involved in a important transaction, most likely of machine-guns, between Germany and Spain around 1944. Sold *Skoda* arms to Spanish Government. Mentioned in cloaking activities by **LINDENBERG**. Interrogated by Allied Control Commision about German armaments trade with Spain during war.

Extracto de la relación de Nazis protegidos por la dictadura de Franco, entre los que se encuentra "Pedro".

Boletín Oficial del Senado en el que se recoge la pregunta sobre la actividad de la base por parte del Senador Hilario Caballero.

BOLETÍN OFICIAL DE LAS CORTES GENERALES

SENADO

VII LEGISLATURA

Serie I:
BOLETÍN GENERAL

16 de julio de 2001

Núm. 239

ÍNDICE

Páginas

PREGUNTAS PARA LAS QUE SE SOLICITA CONTESTACIÓN POR ESCRITO

La Mesa de la Cámara, en su reunión del día de hoy, ha adoptado el acuerdo que se indica respecto al asunto de referencia:

Pregunta con respuesta escrita.

661/006490.

AUTOR: Caballero Moya, Hilario (GPS).

Retirada de su pregunta sobre las actividades que se desarrollan en la finca «El Doctor», propiedad del Ministerio de Defensa y radicada en el término municipal de Manzanares (Ciudad Real).

Acuerdo:

Dar por retirada esta iniciativa a todos los efectos, trasladar al Gobierno, publicar en el BOLETÍN OFICIAL DE LAS CORTES GENERALES y comunicar este acuerdo a su autor.

En ejecución de dicho acuerdo, se ordena la publicación de conformidad con el artículo 191 del Reglamento de la Cámara.

Palacio del Senado, 10 de julio de 2001.—P. D., **Manuel Alba Navarro,** Letrado Mayor del Senado.

PREGUNTAS PARA LAS QUE SE SOLICITA CONTESTACIÓN POR ESCRITO

La Mesa de la Cámara, en su reunión del día de hoy, ha adoptado el acuerdo que se indica respecto al asunto de referencia:

Pregunta con respuesta escrita.

661/006490.

AUTOR: Caballero Moya, Hilario (GPS).

Retirada de su pregunta sobre las actividades que se desarrollan en la finca «El Doctor», propiedad del Ministerio de Defensa y radicada en el término municipal de Manzanares (Ciudad Real).

Acuerdo:

Dar por retirada esta iniciativa a todos los efectos, trasladar al Gobierno, publicar en el BOLETÍN OFICIAL DE LAS CORTES GENERALES y comunicar este acuerdo a su autor.

En ejecución de dicho acuerdo, se ordena la publicación de conformidad con el artículo 191 del Reglamento de la Cámara.

Palacio del Senado, 10 de julio de 2001.—P. D., **Manuel Alba Navarro,** Letrado Mayor del Senado.

Anotación del Boletín del Senado en el que se hace constar la pregunta del Senador y como se acuerda "dar por retirada" la pregunta para así evitar tener que responderla...

ESQUELAS

✝

En memoria de los fallecidos de la 5.ª Promoción de Ayudantes del Cuerpo de Ingenieros Aeronáuticos

JOSE BRINGAS ARROYO

ALFREDO CASADO CASTELL

TOMAS GARRIDO SANZ

ANTONIO GONZALEZ PEÑUELA

CARLOS LIBRERO MARTINEZ

MIGUEL LOPEZ BONILLA

MANUEL LOZAR GOMEZ

JOSE MANUEL MARCO SACASA

LUIS MATUTE HERNAEZ

EDUARDO MENSAYAS LEAL

JUAN NAVARRO HANZA

ENRIQUE RODRIGUEZ DOMINGUEZ

EMILIO SANCHEZ GOMEZ

JOSE SERRA PARDO

JOSE SUPPO LUCIO

GABRIEL TARAZONA ESCRIBANO

ANTONIO MARTINEZ MARTINEZ

Sus compañeros les recuerdan y ruegan una oración por sus almas, al cumplirse las Bodas de Oro, desde el día en que recibieron sus despachos de Oficiales del Ejército del Aire, en el histórico aeródromo de Cuatro Caminos.

Madrid, a 30 de abril 1947-1997

(2)

✝

QUINTO ANIVERSARIO

DON PEDRO EBERHARD KIECKEBUSCH KUSSEROW

FALLECIO

EL DIA 24 DE ABRIL DE 1992

D. E. P.

ROGAMOS un recuerdo.

(2)

✝

Esquela del quinto aniversario de la muerte de "Pedro", el espía alemán que compró la finca El Doctor.

Área 51. Mitos y realidades

Paradójicamente y con el pasar de los años la conocida como Área 51 es probablemente la instalación secreta menos secreta de todas. Tanto es así que en 2013 la propia CIA (Agencia Central de Inteligencia) reconocía oficialmente su existencia y emplazamiento. También expusieron el cometido de la base: desarrollar programas de vigilancia y probar aviones espía como el U-2 y OXCART. Pero... ¿lo contaron todo?

Esta suspicacia no es por alimentar las teorías de la conspiración y el secretismo que, en este caso, poco alimento necesita, sino más bien por la evidencia que supone aceptar que las investigaciones y los diferentes desarrollos que allí tienen lugar competen directamente a la seguridad, la defensa y, por qué no decirlo, a las armas de guerra que de allí surgen.

Esto es lo evidente, lo que muy pocos dudarían, incluso los que se niegan a pensar que existan programas secretos. Sin embargo, y abandonando lo que es estrictamente la superficie, tanto de la información como de la propia base, y adentrándonos en una más que posible realidad no reconocida oficialmente, nos encontramos con el subsuelo del Área 51. Y es que hoy día, y gracias a herramientas como *Google Maps* es posible ver las imágenes de superficie de la base, los hangares, las pistas de aterrizaje... No hay reservas ni parches extraños en las imágenes, podemos verlo todo..., o casi todo.

Si nos fijamos bien, buscando los detalles, podemos ver algunos caminos de tierra que terminan abruptamente en mitad de la nada o directamente en la ladera de una montaña. En algunos casos se puede incluso observar como esas carreteras que llegan hasta la ladera de una cercana montaña a la base, Papoose Mountain, acaban en lo que parece claramente una entrada a la montaña. Se puede ver incluso la forma cóncava del acceso.

Y es que, aunque sí se tenía conocimiento específico de la existencia de esa base, no fue hasta la fecha que decíamos antes, 2013, que la CIA la denomina explícitamente como Área 51, el nombre que constaba en unos mapas del Polígono de Ensayos de Nevada. «No existe ningún lugar llamado Área 51», señaló en 1995 un abogado de la Fuerza Aérea en una vista ante un tribunal federal, con motivo de la investigación de varias demandas de empleados del complejo que denunciaron sufrir enfermedades respiratorias debido a su exposición a materiales tóxicos mientras trabajaban allí. Los miembros de la base se referían a ese lugar secreto como El Rancho.

De acuerdo con los documentos desclasificados, en 1955 la CIA y la compañía Lokcheed Martin trataban de buscar un lugar para poder probar el modelo de avión U-2. La localización debía estar apartada, para preservarla del acceso de curiosos o espías rusos. Comenzaron a sobrevolar el área de California, hasta que en pleno desierto de Nevada, junto al lago Groom, avistaron una pista de aterrizaje abandonada que la Armada había empleado durante la II Guerra Mundial. Era el sitio perfecto.

Ese mismo año, el presidente Dwight D. Eisenhower aprobó la construcción de la base militar. El Rancho fue evacuado en junio de 1957 debido a una serie de pruebas nucleares ante el riesgo de que el Área 51 pudiera resultar contaminada, pero en septiembre de 1959 volvió a estar operativa. La CIA regresó para desarrollar los modelos de avión A2, el precursor del SR-71. A lo largo de estos años, el complejo se ha ampliado y las medidas de seguridad se han endurecido.

La CIA hizo circular de manera interna la historia oficial de las pruebas con U-2 en 1992, una documentación que se hizo pública en 2002 y que, ahora, con la nueva petición de la Universidad de George Washington, se ha ampliado. En 1996 también se reconoció el programa de desarrollo de los aviones OXCART. La nueva información esclarece que en los hangares del Área 51 no se ocultaban naves espaciales ni se hacían autopsias a extraterrestres, sino que se trabaja en algo más prosaico como la vigilancia.

Tras las primeras denuncias de los trabajadores, la Administración Clinton trató de paralizar la proliferación de nuevas demandas. El presidente firmó una orden ejecutiva eximiendo al Área 51 de tener que desglosar sus índices de contaminación; si bien, finalmente, la Agencia de Medio Ambiente obligó a descontaminar la base.

El secretismo del Gobierno en torno al Área 51 ha contribuido a dar verosimilitud a quienes aseguraban que en la base se trabaja con extraterrestres. En 1989, las declaraciones de un empleado del complejo, Bob Lazar, asegurando que había trabajado en la base secreta con una nave alienígena que se había estrellado en la zona, contribuyeron a dar pábulo a más de dos décadas de teorías de la conspiración.

¿Qué se mueve en el Área 51 en los últimos años?

En 2007 se construyó una estructura que, según algunos expertos, podría albergar el avión espía no tripulado secreto RQ-180 de la empresa Northrop Grumman. Sin embargo, fotografías tomadas por satélite muestran lo que parece ser un nuevo hangar, de mayor tamaño, que ha despertado gran interés.

Se encuentra al final de la pista, al sur de la base. Esta ubicación permitiría el acceso rápido a la pista de cualquier aeronave que se halle dentro de este hangar. Allí podrían ocultarse vehículos y evitar ser espiados por satélites.

Algunos expertos creen que se trata de una base de operaciones de Lockheed y Boeing para su prototipo del nuevo bombardero estratégico de gran alcance LRS-B, lo que resultaría lógico, dado que el hangar construido en 2007 pertenece supuestamente a Northrop Grumman. Otra posibilidad, agrega Rogoway, es que la nueva estructura albergue prototipos de ambas compañías del sector armamentístico.

El hecho de que este hangar se encuentre tan lejos del resto de infraestructuras del Área 51 podría indicar que en ella se hallara un aparato capaz de realizar ataques complejos. Rogoway sugiere que podría incluso tratarse de un vehículo capaz de viajar a una velocidad hipersónica; es decir, una aeronave que, en cuestión de minutos, pudiera desplazarse a un territorio lejano y atacarlo. Esto encajaría con la idea del Gobierno de Barack Obama de apostar por guerras de baja intensidad en las que los drones, y no las fuerzas militares estadounidenses sobre el terreno, realizaran los ataques.

En el misterioso hangar podrían encontrarse los drones espía SR-72-Blackbird, que pueden cruzar el territorio de EE.UU. en menos de una hora y que, según lo previsto, entrarán en servicio en las Fuerzas Armadas estadounidenses en 2030.

¿Qué hay en el subsuelo?

Probablemente, lo más interesante, por eso no está a simple vista. Aun así, no hay certeza de que existan realmente instalaciones subterráneas, solo conjeturas y algún que otro extravagante testimonio como el de Bob Lazar. Y en la línea de las conjeturas van las que hacía al principio, hablando de esas muestras del terreno que podrían evidenciar algún tipo de construcción subterránea.

También cabe recordar lo que Lazar aportó a la Teoría de la Conspiración. Afirmaba haber trabajado en las instalaciones de subsuelo del Área 51, y declaró que las máquinas voladoras que estudió utilizaban tecnología inversa y un combustible atómico llamado 115 *ununpentium* que producía efectos anti gravitacionales, bombardeado con protones obtenidos a partir de la producción de antimateria (en 2004 científicos rusos y norteamericanos produjeron el elemento confirmando su existencia, aunque como isótopo muy inestable, con lo cual no podría ser utilizado como combustible siempre dentro de los límites de la tecnología actual).

Con referencia a los extraterrestres, afirmó que los mismos interactúan con nuestro planeta desde hace más de 10.000 años y provienen del sistema binario de estrellas Zeta Reticuli.

En 1993 el periódico *Los Ángeles Times* intentó, mediante una meticulosa investigación del pasado de Lazar, confirmar su participación en las investigaciones secretas que invocaba, pero todo fue inútil, no solo no se encontró evidencia al respecto sino que no se pudo corroborar el pasado educativo y profesional de Lazar (según él, estudió en el Instituto Tecnológico de California (CIT) y en el Instituto Tecnológico de Massachusetts (MIT), y trabajó como técnico en el Laboratorio Nacional de los Álamos), lo que podría llevar a la postura de sospecha por ausencia, a veces tan empírica como su contraparte.

No obstante, y como contrapartida, cabe la siguiente reflexión:

Si mi identidad ha sido "borrada" públicamente, me quedará mi propio material demostrativo: fotos con científicos amigos, fuera o dentro del ámbito laboral; fotos para anuarios que puedo inmediatamente subir a internet y demostrar así la movida de la que fui víctima...

Lazar no ha presentado ningún material de este tipo.

A su favor, sin embargo, se encuentra el hecho de que una huella, aparentemente, no habría sido borrada. En un artículo del Monitor de Los Álamos aparece el siguiente párrafo:

Lazar, un físico de Los Álamos Meson Physics Facility...

Sin embargo, esto no es suficiente prueba, ya que puede tratarse de alguien con el mismo apellido además de que el artículo no hace referencia al nombre de pila del Lazar que cita.

Instalaciones del Área 51 (Wikia.com)

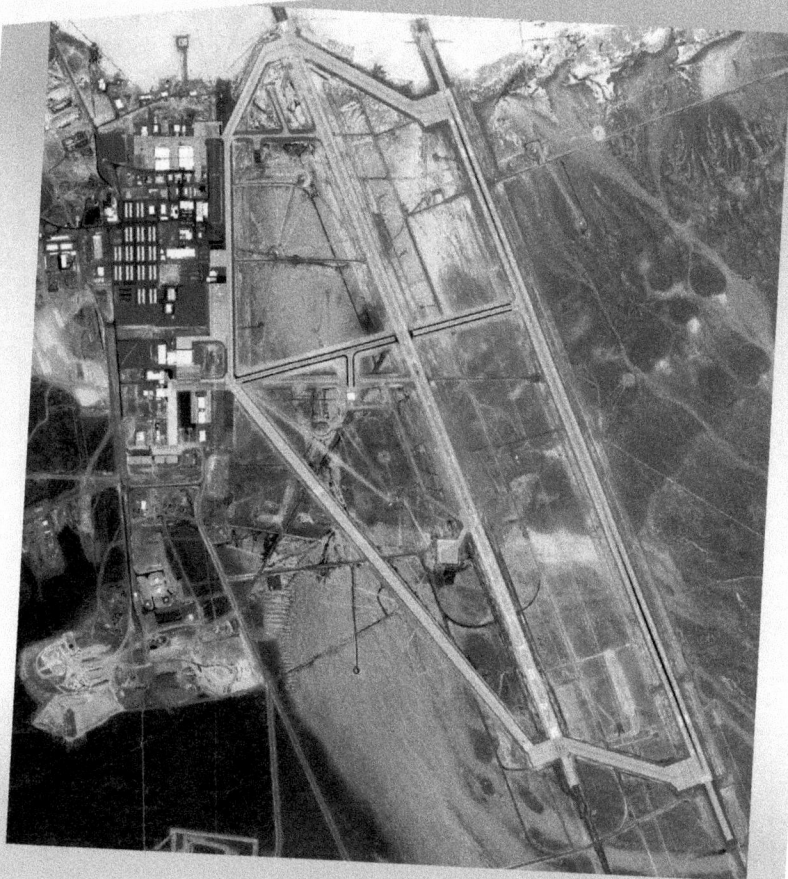

Vista área del Área 51 (Google Maps)

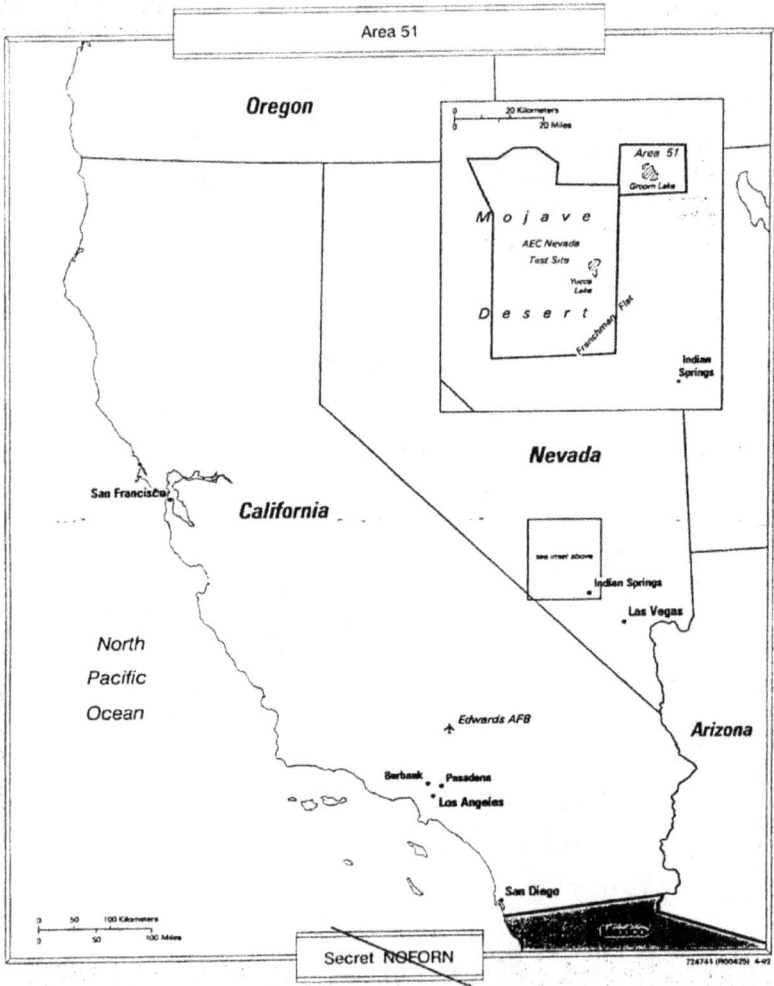

Mapa de la ubicación del 51
desclasificado por la CIA en 2013 (Archivo de la CIA)

SECRET

Copy

6 April 1962

MEMORANDUM FOR   :   Acting Chief, DPD

SUBJECT   :   Aerial Observation of Area 51

1. John Parangosky and I have previously discussed the advisability of having a U-2 take photographs of Area 51 and, without advising the photographic interpreters of what the target is, ask them to determine what type of activity is being conducted at the site photographed.

2. In connection with the upcoming CORONA shots, it might be advisable to cut in a pass crossing the Nevada Test Site to see what we ourselves could learn from satellite reconnaissance of the Area. This coupled with coverage from the Deuce and subsequent photographic interpretation would give us a pretty fair idea of what deductions and conclusions could be made by the Soviets should Sputnik 13 have a reconnaissance capability.

JOHN N. McMAHON
Executive Officer, DPD

Distribution:

This document contains information referring to _Corona_

SECRET

NOT TO BE DISSEMINATED

iffied and Released by the N R O

rdance with E. O. 12958

NOV 26 1997

En esta nota interna, fechada en 1962, se discute la posibilidad de que el área 51 pueda ser fotografiada por cualquier satélite espía... (Archivo de la NSA)

Aeropuerto de Denver

Según sus creadores y defensores, una experiencia única en Colorado para los viajeros, gracias a los murales "llenos de historia y diversidad". Según muchos viajeros que tienen que pasar por allí, un lugar absolutamente extraño, donde uno se siente espantosamente mal, teniendo que contemplar las imágenes que muestran sus escalofriantes murales llenos de oscura simbología. Hablamos del extraño aeropuerto de Denver.

Una ciudad en llamas, niños durmiendo en pilas de ladrillos, una cola de mujeres llorosas en andrajos con niños muertos en sus brazos, una nota real de una niña que murió en un campo de concentración nazi, una enorme figura semi-humana con máscara de gas blandiendo una enorme espada y una metralleta. Palabras extrañas, en idiomas extraños, en el suelo sin explicación acerca de su significado...

El aeropuerto fue construido en 1995 a pesar de que Denver ya tenía otro aeropuerto, el de Stapleton, y a pesar de que el nuevo aeropuerto, con un presupuesto escandaloso, tiene menos terminales y pistas que el de Stapleton. Esto ya de entrada parece no tener sentido porque la superficie construida es mucho mayor. El coste inicial de esta edificación bestial era de 1700 millones de dólares que luego, debido a "problemas", requirió una ampliación presupuestaria que alcanzó finalmente los 4800 millones de dólares. Un presupuesto obsceno.

En España sabemos mucho de aeropuertos innecesarios y absurdos, aunque ninguno de los de aquí alcanza el grado místico que tiene el que nos ocupa. Eso sí, los ciudadanos de Denver lo encontraban, y lo encuentran, absolutamente innecesario, además de "el aeropuerto más inconveniente de América", "pobre gestión de proyecto" "absurda y exagerada complejidad", etc. etc.

Pero, a pesar de lo innecesario de su construcción, a pesar de que el lugar donde está construido es zona de fuertes vientos creando grandes inconvenientes en entradas y salidas de vuelos, a pesar de que el sistema de equipaje automático estaba tan pésimamente diseñado que está fuera de funcionamiento, a pesar de la enorme desviación presupuestaria, el DIA (Denver Internacional Airport) debía de construirse en ese preciso enclave costara lo que costara.

Los más atrevidos aseguran que bajo este aeropuerto hay una base militar y un campo para detenidos civiles, todo un búnker, o prácticamente una ciudad. ¿En que se basan estas sospechas?

Una posible respuesta puede obtenerse de la interesante investigación del exgobernador del estado de Minnesota, Jesse Ventura. Ventura logra entrevistarse con personas claves que le advierten de una supuesta instalación militar subterránea emplazada bajo el Aeropuerto Internacional de la ciudad de Denver, Colorado. Ya existían datos e investigaciones anteriores que sugerían que, en realidad, el aeropuerto es un refugio para funcionarios del gobierno de Washington en caso de algún tipo de crisis. Algunos detalles que alertarían sobre su verdadera finalidad serían, por una parte, el alto presupuesto empleado en su desarrollo y construcción, que excedió ampliamente lo normal. Por otro lado, el aeropuerto se encuentra en medio de la nada, en pleno desierto y a 45 kilómetros de la ciudad de Denver; la cantidad de tierra que se removió del lugar fue equivalente a la masa de tierra extraída en la construcción del canal de Panamá. Y tal vez el dato más significativo es que el emplazamiento aéreo fue construido sobre una gran planicie que se eleva a 1.655 metros por sobre el nivel del mar, alejado de cadenas montañosas, fallas tectónicas y océanos, convirtiéndolo en un sitio ideal para resistir algún tipo de catástrofe natural.

Pero si algo hay extraño en este lugar son los murales alusivos al fin del mundo y su destrucción por el fuego que adornan el interior del aeropuerto, además de las inscripciones masónicas que hablan de un "nuevo aeropuerto de la comisión mundial". Estas serían, para algunos, pruebas irrefutables de cómo la élite pretende utilizar el aeropuerto y/o sus instalaciones subterráneas como algún tipo de refugio en caso de catástrofe.

Tampoco deja de resultar llamativa la visita que, el 27 de septiembre de 2011, realizó el presidente Obama a la ciudad de Denver y, según se comenta, a su nuevo y curioso aeropuerto. Y, ¿por qué? Porque ese preciso día el cometa Elenin pasaba muy cerca de la Tierra, tan cerca que algunos especialistas advertían de un posible riesgo de colisión en caso de que variara su rumbo mínimamente. Y aunque era un riesgo bastante improbable y, a todas luces, más propio del catastrofismo que se vivía en los albores del temido 2012, hubo quien parece que tomó ciertas precauciones, sobre todo si eres el presidente de Estados Unidos. Se especulaba que Obama, en realidad, se habría preparado para tal evento en el inmenso búnker del aeropuerto, por expresa recomendación de los servicios de inteligencia.

La "decoración" del aeropuerto.

Los diferentes murales y obras artísticas que adornan este aeropuerto bien merecen casi un capítulo aparte, por su extravagancia, su misticismo y por una alta dosis de esconder, aparentemente, algún tipo de "mensaje oculto".

El autor de los murales más llamativos, Leo Tanguma, incluso ha querido dar explicaciones[1] ante el revuelo creado por su trabajo en el aeropuerto de Denver. Lamenta la confusión creada y alega que sus obras siempre han suscitado polémica por lo "atrevido" de su estilo. Sin embargo, para los más "conspiranoicos" sus pinturas tienen un cariz entre profético y siniestro, y no deja de llamarme la atención que los orígenes y creencias de Tanguma sean precisamente mayas.

Lo cierto es que es difícil mostrarse indiferente ante tan curiosa expresión de arte, no solo por los murales sino también por las esculturas, algunas de ellas realmente estremecedoras, y por los diferentes detalles artísticos que "adornan" sus terminales y áreas de ocio.

----

1 www.christiansocialnetwork.net/leo-tanguma.html

Representa a un militar nazi con un rifle, una máscara de
gas y una espada con la que ensarta a un paloma de la paz.
Le rodea una fila de madres portando en brazos sus bebés
muertos, y abajo a la derecha se puede leer un pergamino
con el texto escrito por una niña que murió en Auschwitz,
Hama Herchenberg.

Podemos observar niños de varias razas muertos acompañados de cadáveres de animales y otros que parece estar en unos receptáculos protectores, para evitar que perezcan en un holocausto que puede verse sus espaldas. Una niña que podría pasar por ser de raza centroamericana sostiene una estela maya con el símbolo del 2012.

Imagen ampliada de la foto 2

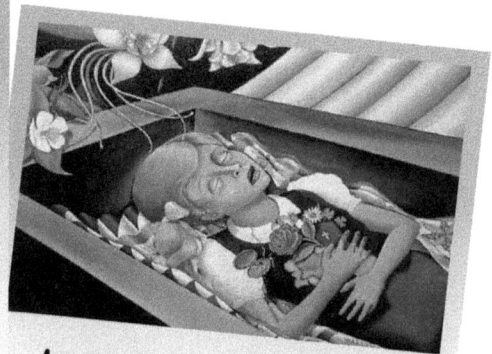

Ampliación de la foto 2

Cápsula del tiempo enterrada debajo de un bloque de granito, en el que aparece el símbolo de la masonería, "brazo derecho" de los Illuminati.
En la parte inferior de la losa, la inscripción que dice "New World Airport Commission" (Comisión del Aeropuerto del Nuevo Mundo)

"Notre Denver" dos gárgolas de bronce fundido, vigilan las zonas de recogida de equipajes. Históricamente, las gárgolas eran colocadas en edificios para protegerlos.

Con 10 metros de altura, y construido en fibra de vidrio, este extraño caballo de ojos demoniacos es el encargado de dar la bienvenida a los que llegan por carretera al Aeropuerto de Denver. Acabó, literalmente, con su creador, el escultor Luis Jiménez, mientras trabajaba en él. Una parte se desprendió y lo aplastó.

Proyecto Orión

Volvemos a España para conocer un lugar cuyo proyecto inicial fue bautizado con un nombre muy estelar, Orión. Este proyecto comenzó a gestarse en 1977, todavía con la Unión de Centro Democrático (UCD) al frente del Gobierno, pero no fue hasta 1983, ya con los socialistas en el poder, cuando se iniciaron las obras de construcción del búnker.

Se encuentra localizado en la localidad toledana de Quintos de Mora, muy cerca del límite con la provincia de Ciudad Real, y en su construcción se invirtieron varios miles de millones de nuestras añoradas pesetas. Parece ser que tendría tres pisos bajo tierra y capacidad para unas 200 personas.

El titular del departamento de Defensa insistió en que el "Proyecto Orión" no fue abandonado hasta 1988, aunque precisó que «desde 1983 ya se expresaron serias dudas sobre la viabilidad del refugio». El ministro explicó que en 1988, siendo jefe del Estado Mayor de la Defensa (Jemad) el teniente general Gonzalo Puigcerver, este dirigió una carta al entonces ministro de Defensa, Narcís Serra, en la que le informaba que el año anterior se había aprobado la última partida presupuestaria destinada al búnker de los Montes de Toledo. Sin embargo, y según todo apunta, las obras continuaron al menos hasta 1989.

El rastro de las obras de este búnker se pierde, se diluye en el tiempo. Pero hay "indicativos" que evidencian que no solo la obra finalizó, sino que todo el complejo, la finca en sí misma pasó a ser un enclave relevante de la actividad política. Quintos de Mora se convirtió en algo así como el Camp David[1] español, lugar de acogida de líderes extranjeros y de reuniones "reservadas". Aquí se reunieron Felipe González y Baltasar Garzón para pactar la entrada del segundo en política. Aznar recibió aquí a Bush refiriéndose, el presidente norteamericano, al lugar como "el rancho" de Aznar, También Zapatero recibió en la finca y sus "instalaciones" a Vicente Fox y Lula da Silva. Que se sepa, Mariano Rajoy solo la utilizó para pasar algún fin de semana y breves periodos vacacionales.

Hasta donde se puede saber, y como ya hemos señalado, el búnker se terminó y en teoría se trata de un refugio antinuclear. Eso sí, con capacidad para unas 200 personas y de tres pisos de profundidad, lo cual da a entender que no se trata de un simple zulo en el que esconderse a oscuras hasta que todo pase.

En cualquier caso, solo el Ministerio de Defensa y el Centro Nacional de Inteligencia (CNI), como órganos competentes, y el Servicio Militar de Construcciones (SMC), como organismo encargado de la edificación del búnker, conocen con exactitud y certeza el alcance de estas misteriosas instalaciones de Quintos de Mora.

---

1 Residencia vacacional del presidente de los Estados Unidos.

Ubicación en Quintos de Mora de la base conocida como "Proyecto Orión"

10 km

Río Tajo

Toledo

CM-42

TOLEDO

Mora

CM-403

Los Yébenes

Montes de Toledo

N-410

CIUDAD REAL

Parque Nacional de Cabañeros

Quintos de Mora
6.864 Hectáreas

George W. Bush y Aznar en Quintos de Mora en 2001 (Ricardo Gutiérrez)

Vista aérea de las instalaciones de Quintos de Mora

Site 911

El 28 de noviembre de 2012, Walter Pincus publicó un artículo en *The Washington Post* sobre un proyecto del Cuerpo de Ingenieros del Ejército de EE.UU. El proyecto era para la construcción de una instalación subterránea de cinco pisos destinada a albergar a las Fuerzas de Defensa de Israel. El nombre del sitio se refirió misteriosamente como Sitio 911.

Pincus informó que el informe describió el sitio como una instalación en la que se invertirían 100 millones de dólares dotada con aulas, auditorio, laboratorio y puertas resistentes a golpes y materiales de protección para bloquear la radiación del exterior.

El lugar está entre los llamados "altamente clasificados" y, según la oferta pública de contratación, solo contratistas estadounidenses pudieron hacer una oferta. Al parecer el anuncio también estipulaba: *Contratar palestinos también está prohibido.*

Poco después de la publicación en *El Washington Post*, agencias de noticias de todo el mundo comenzaron a difundir copias del artículo íntegro. El artículo publicado originalmente daba bastantes detalles para esta instalación "altamente clasificada":

El sitio tendrá una puerta única, tanto para entrar y salir, y no se podrá acceder o salir durante las horas de trabajo, excepto para los servicios de suministro.

Sin embargo, hubo un "problema" con el artículo del *Washington Post*. El anuncio original ya no existía, la oferta pública para la construcción del Site 911 había desaparecido de su publicación de la web estatal FBO.gov, algo así como el Boletín Oficial del Estado en España.

La causa de esta desaparición de la oferta pública a través del sitio web de Oportunidades de Negocio Federal es aparentemente sencilla. Todos los proyectos se eliminan automáticamente dentro de las veinticuatro horas después de la fecha de vencimiento establecida, y por lo visto se fijó para una semana. Esta supresión es una función automática.

En otras palabras, nadie fuera del proyecto será capaz de confirmar la exactitud de la descripción del *Washington Post*, pero el Cuerpo de Ingenieros del Ejército admite, al menos públicamente, la existencia del Proyecto 911.

Afortunadamente, he podido encontrar la publicación[1] en esa misma web del gobierno americano del seguimiento de la Fase 2 del Site 911.

En esta Fase 2 no se llegan a publicar algunos detalles del proyecto inicial como la "prohibición de contratar palestinos" o el emplazamiento seleccionado para la construcción. Simplemente se cita a los contratistas interesados en licitar la construcción a una reunión en el Hotel Hilton de Tel Aviv.

Finalmente, fue la compañía Conti Corp la que ganó el concurso en febrero de 2013, y así lo comunican en su web (conticorp.com):

----

1 www.fbo.gov/index?s=opportunity&mode=form&i-d=39968355728791a8891e0b57992a123d&tab=core&tabmode=list&

El Cuerpo de Ingenieros (USACE) ha concedido el Grupo Conti con un proyecto de construcción de las instalaciones a gran escala en Israel. Este contrato se alinea con la experiencia de la compañía en la entrega de proyectos complejos en lugares difíciles.

El proyecto, que se encuentra en un sitio clasificado, incluye la construcción de instalaciones de superficie y subterráneas de múltiples niveles y edificios...

SOLICITATION, OFFER, AND AWARD (Construction, Alteration, or Repair)	1. SOLICITATION NO. W912GB-13-R-0001	2. TYPE OF SOLICITATION ☐ SEALED BID (IFB) ☒ NEGOTIATED (RFP)	3. DATE ISSUED 02-Oct-2012	PAGE OF PAGES 1 OF 139

IMPORTANT - The "offer" section on the reverse must be fully completed by offeror.

. CONTRACT NO.	5. REQUISITION/PURCHASE REQUEST NO. W2SDXXXXXXXXXX	6. PROJECT NO.

. ISSUED BY CODE W912GB	8. ADDRESS OFFER TO (If Other Than Item 7) CODE
CONTRACTING DIVISION S ARMY CORPS OF ENGINEERS CONRAD ADENAUER RING 39 ~65187 WIESBADEN GERMANY WIESBADEN 65187	See Item 7
TEL: FAX:	TEL: FAX:

. FOR INFORMATION CALL:	A. NAME MICHAEL D PEARSON	B. TELEPHONE NO. (Include area code) (NO COLLECT CALLS) 011-49-611-9744-2834

SOLICITATION

NOTE: In sealed bid solicitations "offer" and "offeror" mean "bid" and "bidder".

10. THE GOVERNMENT REQUIRES PERFORMANCE OF THE WORK DESCRIBED IN THESE DOCUMENTS   (Title, identifying no., date):

Project Title: Site 911 Phase 2, Israel

A site visit and preproposal training/discussion are scheduled for 11 October 2012. The bus will depart from the Hilton Tel Aviv, Independence Park, Tel Aviv 63405 Israel at 0800 hours local time. Contractors should arrive by 0730 in preparation for departure and anticipate returning to Tel Aviv around 1500 hours local time. Contractors shall submit the names and either ID number or passport number for all attendees to CPT Joseph Sawruk via e-mail at joseph.m.sawruk@usace.army.mil no later than 4 October 2012.

In accordance with DFARS 236.204, the estimated magnitude of this project is between $25,000,000 and $100,000,000.

11. The Contractor shall begin performance within ___7___ calendar days and complete it within ___810___ calendar days after receiving
☐ award, ☒ notice to proceed. This performance period is ☐ mandatory, ☐ negotiable. (See FAR 52.211-10 ___.)

12 A. THE CONTRACTOR MUST FURNISH ANY REQUIRED PERFORMANCE AND PAYMENT BONDS?   If "YES," indicate within how many calendar days after award in Item 12B.)   ☒ YES ☐ NO | 12B. CALENDAR DAYS   7

13. ADDITIONAL SOLICITATION REQUIREMENTS:

a. Sealed offers in original and ___6___ copies to perform the work required are due at the place specified in Item 8 by ___03:00 PM___ (hour) local time ___16 Nov 2012___ (date). If this is a sealed bid solicitation, offers must be publicly opened at that time. Sealed envelopes containing offers shall be marked to show the offeror's name and address, the solicitation number, and the date and time offers are due.

b. An offer guarantee ☒ is, ☐ is not required.

c. All offers are subject to the (1) work requirements, and (2) other provisions and clauses incorporated in the solicitation in full text or by reference.

d. Offers providing less than ___120___ calendar days for Government acceptance after the date offers are due will not be considered and will be rejected.

SN 7540-01-155-3212	1442-101	STANDARD FORM 1442 (REV. 4-85) Prescribed by GSA FAR (48 CFR) 53.236-1(e)

Primera página del dossier en el que se saca a concurso publico la construcción del Site 911 (Cuerpo de Ingenieros del Ejercito de EE.UU)

Publicación de la oferta publica para la construcción del Site 911 en Israel

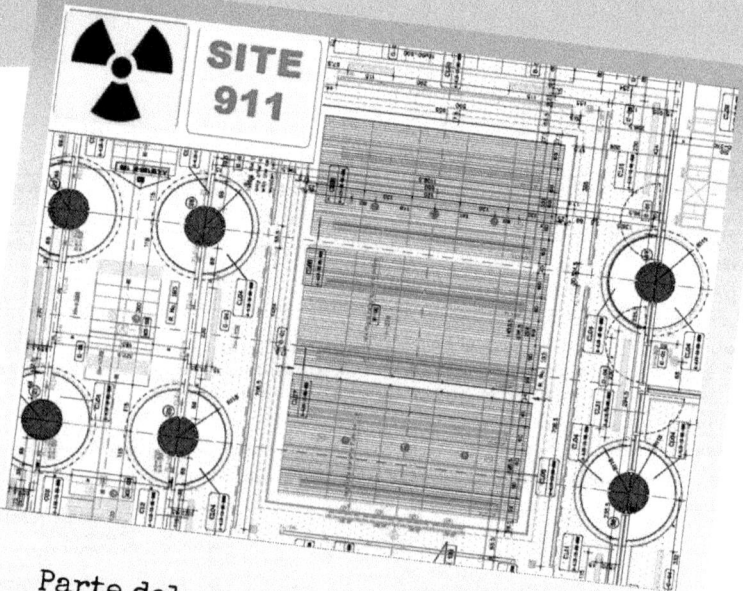

Parte del proyecto de construcción

Conti
Done once. Done right.

CONTI WINS LARGE FACILITY PROJECT IN ISRAEL

February 22 2013

The United States Army Corps of Engineers (USACE) Europe district has awarded The Conti Group with a large-scale facility construction project in Israel. This contract aligns with the company's experience in delivering complex projects with fast track schedules in challenging locations.

The project, located on a classified site, includes construction of multi-level above grade and below-grade facilities and multiple buildings. With regional offices in Tel Aviv, Conti's project team mobilized to Be'er Sheva in mid-2012.

"The Conti Group puts a priority on strengthening relationships with our core clients in international markets by providing quality construction and American standards," stated Anthony LaBato, Conti's Vice President of Europe and Middle East Operations. "We also recruit from the local workforce and so the training aspect is very critical on these projects."

The Conti Group anuncia en su web la adjudicación del proyecto para la construcción del Site 911.

Bases Subterráneas frente al Apocalipsis

Dentro de nuestro recorrido por estas bases subterráneas vamos a conocer algunas de estas herméticas instalaciones que habrían sido construidas con la intención de resistir grandes catástrofes, ya sean provocadas por el hombre en forma de guerra nuclear o bien algún fenómeno de la naturaleza pero, en ambos casos, temiendo la extinción, el Apocalipsis de nuestra era.

Qué duda cabe que la construcción de una base subterránea, de las características que llevamos viendo, conlleva un excepcional esfuerzo de medios y recursos. Se trata de proyectos muy costosos, más todavía si esas instalaciones son mucho más que simples escondrijos bajo tierra, sino que han de ser dotadas de alta tecnología en algunos casos de carácter experimental o reservado. ¿De dónde sale ese dinero?

Comenzaremos realizando un acercamiento a una historia que nos mostraría de dónde sale el dinero.

LOS PROGRAMAS NEGROS

El nombre de Phil Shneider no es ajeno para todos aquellos que siguen de cerca el fenómeno ovni, pues es conocido por sus declaraciones sobre la presencia de estos artefactos y sus tripulantes en la Tierra. Pero nosotros fijaremos el foco de atención en algo muy concreto de su historia: Shneider era Ingeniero de Minas y, según su propio testimonio, trabajó para el Cuerpo de Ingenieros del Ejército y la Marina de los Estados Unidos, colaborando en la construcción de una red de construcciones subterráneas.

EE.UU., como otras naciones del mundo, tendrían grandes partidas económicas de carácter secreto para llevar a cabo oscuros proyectos: Los presupuestos negros. Según Phil Shneider el presupuesto negro de EE.UU. es de casi unos $1.3 trillones cada dos años, para hacernos una idea, un trillón pesaría cerca de 11 toneladas. El Congreso de los EE.UU. nunca revisa los libros involucrados con este pozo clandestino de dinero. Los contratistas de los programas negros son compañías como: EG & G, Westinghouse, McDonell Douglas, Wackenhut Security Systems, Boing Aerospace..., y así un largo etcétera.

La función de Shneider era la de construir edificaciones secretas subterráneas, bases militares y científico-militares en las que se operaba con la más alta tecnología. Según Schneider, los sistemas tecnológicos con los que se trabajaba en dichas bases estaban mucho más avanzados que la tecnología convencional contemporánea.

Las bases subterráneas en las que Schneider colaboró en su edificación, estaban situadas a casi dos kilómetros de profundidad. El presupuesto que utilizaban los militares para poder construir dichas instalaciones provenía de los ya mencionados presupuestos negros. En 1995, y con 1,3 trillones de dólares, se mantenían 129 bases subterráneas situadas en territorio norteamericano.

Según Schneider, se han estado construyendo de manera incansable, durante día y noche, durante los últimos cuarenta años. Básicamente son grandes ciudades subterráneas interconectadas por túneles por los que se desplazan trenes magnéticos que viajan a grandes velocidades. Schneider comentaba que el Arquitecto Richard Sauder había arriesgado su vida hablando de estos sistemas públicamente; entre otras afirmaciones, comentaba que cerca de Idaho había once bases de este tipo. El tamaño de dichas bases estaba entre 4 y 6 kilómetros cúbicos. Los sistemas de perforación eran enormes máquinas dotadas con poderosos láser que creaban túneles de hasta 7 kilómetros de longitud al día.

A Schneider le encontraron muerto en su apartamento de Wilsonville (Oregón) el 17 de enero de 1996. Por lo visto, estaba muerto varios días y tenía una manguera de goma atada a su cuello. Independientemente de rumores, la Oficina Forense atribuyó la muerte de Phil Schneider a un derrame cerebral. Lógicamente esto tiene cara B. Supuestamente, Schneider habría sido asesinado porque tenía información y datos vitales para exponerlos ante la opinión pública. De hecho, afirmó haber escapado de al menos trece intentos de asesinato contra él durante el tiempo que estaba impartiendo las conferencias sobre las teorías de conspiración.

LA BASE DE BURLINGTON

Burlington es un enorme refugio atómico construido en los años cincuenta a unos 140 kilómetros al oeste de Londres, en Wiltshire.

Una vez acabada la II Guerra Mundial el mundo se adentró en la Guerra Fría, lo que originó variadas formas defensivas en diferentes países, y este refugio es una de las mejores pruebas de aquella época.

Burlington se construyó bajo el máximo secreto por decisión del primer ministro Harold Macmillan y se ubica a unos 35 metros bajo tierra en el perímetro de la base militar de Corshamen. Con capacidad para unas 4.000 personas, se desarrolló a lo largo de una mina abandonada. Tiene 90 kilómetros de calles, 100.000 farolas, cuenta con estación de ferrocarril, estudios televisivos, despachos para ministros, lavandería, pub y restaurante, un pequeño hospital, generadores de energía...

El recinto ofrecía una autonomía de tres meses como máximo sin necesidad de contacto con el exterior, con todo lo necesario para la vida diaria. Burlington también poseía un lago subterráneo que abastecía de agua y un sistema de ventilación que mantenía la humedad y la temperatura en torno a los 20 grados centígrados. Las telecomunicaciones eran la joya del lugar. La central telefónica estaba conectada con el resto de las bases e integraba la red de telefonía de Inglaterra. Por último, contaba con un sistema de tubos de aire comprimido para pasar mensajes de papel entre todas las dependencias. Se inauguró en 1961 y, pese a que nunca entró en operaciones, se mantuvo operativa y en condiciones de uso hasta 1989, cuando cayó el muro de Berlín.

LA BÓVEDA DEL FIN DEL MUNDO

El archipiélago noruego de Svalbard, situado en el océano Glacial Ártico, da cobijo a un enorme búnker acorazado, a prueba incluso de las consecuencias del cambio climático. El preciado tesoro que se oculta en su interior es el banco de semillas más grande del planeta.

La Svalbard International Seed Vault (SISV), también conocida como la "bóveda del fin del mundo", tiene una capacidad para tres millones de muestras de semillas de todas las naciones. En su interior se albergan réplicas de cada variedad conocida de cultivos, así como de nuevas variedades a medida que surjan naturalmente. Los responsables de este "Arca de Noé" para semillas, el gobierno noruego y el Fondo Mundial para la Diversidad de Cultivos (FMDC), una ONG sin ánimo de lucro impulsada por organismos internacionales como la FAO (Organización de las Naciones Unidas para la Agricultura y la Alimentación), la construyeron y la tienen operativa desde el invierno de 2008.

Según los responsables del FMDC, conservar la vasta diversidad de variedades de cultivos y toda su diversidad genética es fundamental para conseguir luchar contra el hambre y garantizar la seguridad alimenticia mundial, que deberá hacer frente a problemas cada vez más preocupantes en los próximos años, como el calentamiento global o una población en continuo aumento.

La reserva preservará en principio todo tipo de variedades, si bien se dará prioridad a las consideradas más importantes para la humanidad por la FAO. Las muestras, conservadas en "cajas negras" de aluminio herméticas, solo se pondrán en circulación en caso de que todas las fuentes de semillas hayan sido destruidas o agotadas.

xPor otro lado, la bóveda cuenta con un túnel de 120 metros de profundidad, excavado en la roca, reforzado por un metro de cemento y rodeado por el permafrost (subsuelo permanentemente congelado), lo que garantizará, aunque suba la temperatura externa y falle la electricidad, mantener frías las muestras de manera natural durante al menos los próximos cien años.

En cuanto a las medidas de seguridad, la instalación está dotada de una puerta acorazada y un cercado de perímetro, y cuenta con la presencia de las autoridades noruegas. Sus responsables citan también la ubicación remota de la instalación, los inviernos increíblemente fríos, los bancos de hielo e incluso la agresividad de los osos polares hacia los seres humanos como medidas de seguridad adicionales.

Por su parte, el estudio de viabilidad de la instalación concluye que, en condiciones adecuadas, las semillas de la mayoría de los principales cultivos alimentarios podrían permanecer viables durante cientos de años, mientras que otras, incluyendo granos clave, podrían sobrevivir incluso miles de años.

Recientemente, y debido a la guerra en Siria, la "bóveda del fin del mundo" se ha visto obligada a abrir sus reservas por primera vez. Ha sido el ICARDA (Centro Internacional de Investigación Agrícola en Zonas Áridas) el que ha solicitado sacar muestras. La organización quiere retirar casi 130 cajas de 325 que había depositado en la bóveda, por lo que un total de 116.000 semillas irán a parar a Alepo, ciudad que desde hacía tiempo no daba abasto a sus necesidades con el propio banco de granos que cuenta entre sus calles. La guerra ha provocado daños y desabastecimiento en este fondo de alimentos vegetales, por lo que han perdido la capacidad para distribuir y criar semillas en la zona.

La FAO ya ha alertado de que se ha perdido el 75% de la diversidad de cultivos de la Tierra. Un motivo más para concienciar a la humanidad de los horrores, humanos y de otro tipo, que traen consigo todas las guerras.

SWISS FORT KNOX, EL BÚNKER DE LOS CONOCIMIENTOS CIENTÍFICOS Y CULTURALES EN ARCHIVOS DIGITALES DE LA HUMANIDAD

Los Alpes Suizos… ¡qué bonito! Montañas nevadas, blancos picos de 4 kilómetros de altura. Pero no os dejéis engañar, bajo una de esas montañas, tras una puerta de 3 toneladas y media (que podría resistir un ataque nuclear) y tras sortear unos cuantos laberínticos pasillos, podemos encontrar la Swiss Fort Knox, una auténtica fortaleza que la Unión Europea está financiando parcialmente, donde se depositan todos los valiosos conocimientos científicos y culturales para que no se pierdan jamás, aunque haya un desastre colosal.

Los trabajadores de este enorme centro de datos se encargan de asegurar que se pueda acceder a los datos valiosos por siempre. «Las notas de Einstein aún son legibles, pero los archivos digitales de Stephen Hawking podrían dejar de serlo en varias décadas», afirmó el bibliotecario británico, Adam Farquhar, uno de los dos archivista e informáticos encargados del lugar.

Este lugar es la culminación de un proyecto que se basa en la experiencia de dieciséis bibliotecas europeas, archivos e instituciones de investigación, para preservar los recursos digitales existentes en el mundo, como el hardware y el software, y que se han ido reemplazando a un ritmo vertiginoso.

La cápsula del tiempo depositada dentro de Swiss Fort Knox contiene el equivalente digital del código genético de diferentes formatos de datos, una especie de 'genoma digital'.

EL BÚNKER DE LA MONCLOA

La historia

Fue después del frustrado golpe de estado del 23 de febrero de 1981 cuando el, por aquel entonces, presidente Felipe González ordenó iniciar la construcción de un refugio en el subsuelo del complejo de La Moncloa. El objetivo era claro: disponer de un lugar que permitiese a los miembros del gobierno resguardarse en caso de una crisis grave, y coordinar la respuesta del estado junto con las fuerzas armadas y cuerpos de seguridad.

La construcción fue llevada a cabo por la empresa Dragados después de que una comisión visitara distintas instalaciones y refugios de estas características repartidos por el mundo, probablemente visitaron alguno de los enclaves que mencionamos en este libro. No lo sabremos, al menos no por boca de los empleados de la constructora que fueron obligados a firmar estrictas cláusulas de confidencialidad. Y es que, como podréis imaginar, el trabajo que allí iban a desarrollar fue calificado como "secreto de estado"; tanto "sigilo" quisieron tener que todas las obras estuvieron rodeadas de cierto toque de misticismo. A los propios funcionarios de La Moncloa se les informó de que se estaba construyendo un parking subterráneo.

La faraónica obra se terminó a finales de 1991, en plena Guerra del Golfo. Su nombre oficial, inicialmente, era CITA (Centralización de Instalaciones Técnicas Auxiliares). Actualmente, y tras los cambios introducidos con el gobierno de Mariano Rajoy, pasa a denominarse Centro Nacional de Conducción de Situaciones de Crisis (CNCSC), dependiendo directamente del Departamento de Seguridad Nacional, órgano dependiente del Ministerio de Presidencia.

El 2 de noviembre de 1994, el periódico *El Mundo* asegura disponer de los planos del "centro de conducción de crisis" de la Presidencia del Gobierno, y tener conocimiento de la distribución concreta de sus diversas dependencias. Nunca llegaron a ver la luz pública. En su edición del 15 de noviembre de 1994 el periódico *El País*[1] se hacía eco de la información con la siguiente noticia:

Dos miembros del Centro Superior de Información de la Defensa (Cesid) acudirán el próximo jueves a la sede de El Mundo con el fin de recoger la documentación y las copias o duplicados que este diario posea del búnker secreto construido en el palacio de la Moncloa. Así se lo ha hecho saber el director del Cesid, Emilio Alonso Manglano, al director de El Mundo, Pedro J. Ramírez, en una carta recibida ayer en la sede del diario. En ella, Manglano señala que en la edición del 2 de noviembre, el periódico asegura disponer de los planos del "centro de conducción de crisis" de la Presidencia del

---

1 elpais.com/diario/1994/11/15/espana/784854016_850215.html

Gobierno, conocido como "búnker secreto de La Moncloa", y tener conocimiento de la distribución concreta de sus diversas dependencias.

Tras advertir que esta documentación está clasificada como secreta por decisión del Consejo de Ministros del 4 de noviembre de 1988 y por otro acuerdo genérico del 28 de noviembre de 1986, Manglano invoca la Ley de Secretos Oficiales, que obliga a la entrega de cualquier materia clasificada.

Fuentes de La Moncloa no han querido pronunciarse sobre esta decisión y se han limitado a subrayar que Manglano tiene conferidas, por orden ministerial, las atribuciones para poder requerir la entrega de documentos secretos que afecten a la seguridad de la defensa.

El búnker

El cómo se sabe los datos y detalles de la distribución interior del búnker obedece, en este caso, a dos factores. Por un lado el relajo producido en lo que al "secreto" del lugar se refiere con la información divulgada por órgano del que depende el CNCSC. Y por otra un artículo publicado en el suplemento Crónica[2], de *El Mundo*, en marzo de 2003 por Alberto Rojas. En ese artículo se dan detalles concretos, muy concretos, sobre la disposición del refugio y su funcionamiento. No deja de llamarme la atención que sea precisamente en ese periódico, donde nueve años antes parece ser tuvieron toda la información sobre el lugar hasta que el Cesid requisó todo, copias incluidas, aunque tal vez no todas.

La entrada a la instalación se realiza por uno de los edificios administrativos del Palacio de la Moncloa, que a su vez conecta con el resto de los edificios del complejo a través de una serie de túneles subterráneos. Hay informaciones que apuntan a que el Palacio

---

2 www.elmundo.es/cronica/2003/385/1046615203.html

de la Moncloa también estaría conectado por una serie de túneles subterráneos con el Palacio de la Zarzuela y la sede de los servicios de inteligencia, ambos muy cerca de la Moncloa. Parecen afirmaciones más propias de una leyenda urbana, aunque lo cierto es que el metro de Madrid se ha expandido por todas las zonas de la ciudad y sus alrededores excepto por la zona oeste, donde no hay ni un solo túnel excavado.

El complejo está revestido por gruesos muros de 3 metros de hormigón, capaces de resistir un ataque nuclear, y la puerta de salida es completamente hermética. El búnker tiene tres pisos y capacidad para 200 personas, unas dimensiones y capacidades que parecen repetirse en este tipo de construcciones. Unos 40 funcionarios, curiosamente denominados por el personal de la Moncloa como los "búnkeros", trabajan las veinticuatro horas del día en el complejo para responder ante una eventual crisis a gran escala.

El primer nivel es conocido como la planta 0. En él se encuentran los despachos de los representantes de los tres cuerpos de nuestras Fuerzas Armadas (Ejército de tierra, Armada y Ejército del aire) y un ordenador que permite centralizar las comunicaciones con el resto de unidades militares del país. Desde estas habitaciones se gestionaría la "defensa final" de nuestro territorio. La planta 0 también cuenta con una sala de mapas, una zona de comunicaciones que retransmite emisoras de todo el mundo, una cámara acorazada para guardar objetos valiosos, una ducha de descontaminación radiactiva y un completo quirófano con una unidad de vigilancia intensiva. Como posible prevención para un ataque bacteriológico en la zona médica se guardan vacunas de virus como la viruela, el ántrax...

Para descender a la siguiente planta, conocida como -5, los "bunkeros" pueden utilizar ascensores, un montacargas o las escaleras. Este nivel acoge la parte civil del edificio. Posee una sala de reuniones con biblioteca y archivo, otra para servicios de traducción simultánea, y otra con un anfiteatro para proyecciones.

En este nivel se encuentran las habitaciones de los inquilinos del complejo, distinguiéndose entre las habitaciones con dúplex y baño propio para las autoridades, y las habitaciones comunes para el resto de funcionarios. El búnker como hemos dicho tiene capacidad para albergar a 200 personas, entre las que se encontrarían los miembros del gobierno, funcionarios del búnker, representantes del estado mayor y las familias de todos ellos.

En la planta -5 también se encuentra la cocina, una cafetería restaurante y unas enormes cámaras frigoríficas donde se guarda la comida. Cada dos meses se renuevan las provisiones.

La planta -10 es la más alejada de la superficie. En ella se encuentran las salas de ordenadores, almacenes, habitaciones para el personal permanente, gimnasio, lavandería, un taller mecánico y otros servicios para los usuarios del búnker.

El edificio es totalmente autónomo: posee dos grandes depósitos de gasoil de 40.000 litros cada uno para alimentar de energía el complejo en caso de apagón, depósitos de agua, depuradora, calderas, aire acondicionado, fosa séptica y dos pozos que toman agua a 200 metros de profundidad. Los moradores del búnker podrían resistir durante meses completamente aislados del exterior. En la planta -10 existe también una armería que esconde todo un arsenal y un pequeño cementerio que, por el momento, permanece vacío.

El búnker de la Moncloa languidece en la actualidad como una reliquia de la Guerra Fría. Aunque se mantiene en constante funcionamiento al así exigirlo los protocolos de seguridad de la OTAN, los sucesivos presidentes del gobierno se han desentendido de este claustrofóbico e incómodo monstruo y prefieren gestionar las crisis nacionales desde la comodidad de sus despachos. Una de las últimas veces que se utilizó fue durante la Nochevieja de 1999. Ante la contingencia de que el efecto 2000 desencadenase un apocalipsis electrónico, el vicepresidente Álvarez Cascos se encerró en el búnker con un gabinete de crisis, dispuestos a lidiar desde allí con el fin del mundo.

LA BASE DE BURLINGTON. Túneles interiores que dan acceso a las zonas 12 y 13 del vasto complejo.

LA BÓVEDA DEL FIN DEL MUNDO. El banco de semillas es una auténtica caja fuerte en medio del Ártico (Corbis)

LA BÓVEDA DEL FIN DEL MUNDO. Interior de la bóveda con las semillas almacenadas (www.cesti.gov.vn)

LA BÓVEDA DEL FIN DEL MUNDO.
Interior de uno de los túneles que conectan las galerías de la bóveda.

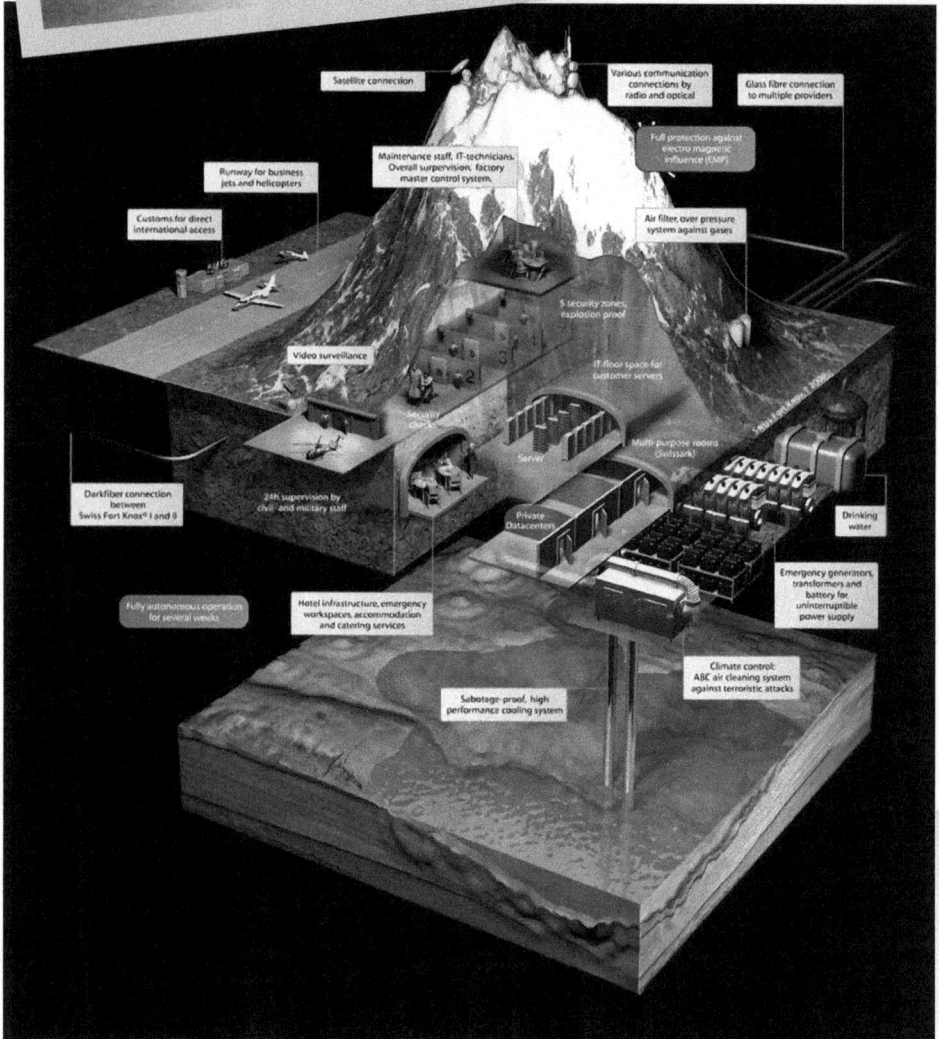

Satellite connection

Various communication connections by radio and optical

Glass fibre connection to multiple providers

Maintenance staff, IT-technicians. Overall surpervision, factory master control system.

Full protection against electro magnetic influence (EMP)

Runway for business jets and helicopters

Air filter, over pressure system against gases

Customs for direct international access

5 security zones, explosion proof

Video surveillance

IT floor space for customer servers

Server

Multi-purpose rooms (Swissark)

Darkfiber connection between Swiss Fort Knox I and II

24h supervision by civil- and military staff

Private Datacenters

Drinking water

Fully autonomous operation for several weeks

Hotel infrastructure, emergency workspaces, accommodation and catering services

Emergency generators, transformers and battery for uninterruptible power supply

Climate control: ABC air cleaning system against terroristic attacks

Sabotage-proof, high performance cooling system

SWISS FORT NOX. Acceso en la montaña

SWISS FORT KNOX.
Guardia de
seguridad
privada de Swiss
Fort Knox
(Arnd Wiegmann /
Reuters)

SWISS FORT KNOX. Distribución de
las instalaciones de Swiss Fort Knox
(www.swissfortknox.com)

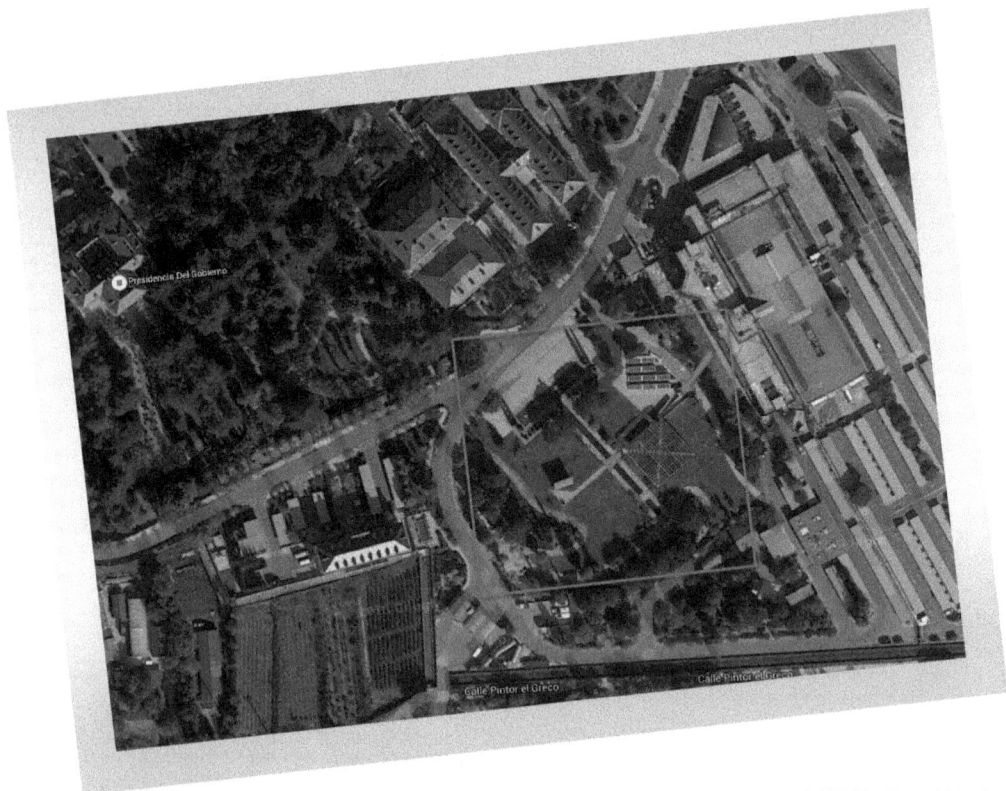

BUNKER MONCLOA.
Imagen aérea del complejo de la Moncloa. En el punto amarillo estaría supuestamente la entrada al búnker de la Moncloa, conectado a través de túneles subterráneos con todos los edificios del recinto (Google Maps)

BUNKER MONCLOA. El Presidente del Gobierno se dirige a las FF.AA desde el CNCSC (Departamento de Seguridad Nacional – Presidencia del Gobierno)

El búnker de Torrejón

Es, por ahora y que se sepa, el búnker más grande de España. Más de 10.000 metros cuadrados preparados para aguantar los mayores impactos de bombas. Y está en Madrid, en concreto, en la base militar de Torrejón de Ardoz. Allí, en las instalaciones militares, se ha estado construyendo en los últimos años un espacio sin precedentes en España en el que cohabitarán unidades militares españolas con dependencias de la OTAN.

En palabras de un mando militar español: «Es impresionante. Ver cómo han ido construyéndolo paso a paso te deja con la boca abierta».

Y es que, este no solo es el mayor búnker militar en España sino también el mayor de ámbito civil; bastante más grande, incluso, que el de La Moncloa.

Según explicaron fuentes militares, en principio, al búnker se desplazarán el CAOC (Centro de Operaciones Aéreas Combinadas) de la OTAN, que controla el espacio aéreo entre Azores y Turquía, y el ARS Pegaso (Defensa Aérea Nacional española).

La inauguración del centro ha estado pendiente de la implementación del nuevo software de Mando y Control de operaciones aéreas de la Alianza (ACCS) de la OTAN; software que también empleará España. Este sistema será el más avanzado en seguridad interna y blindará aún más los sistemas de telecomunicaciones.

La estructura de este búnker, de máxima seguridad, consiste en un cubo de hormigón armado de tres metros de espesor, con excepción del techo, que tiene nueve metros de grosor.

Está preparado para aguantar el impacto directo de una *Búnker Buster* de 2.000 kilos, una de las bombas más potentes. Toda la estructura está recubierta con una capa de cobre para protegerlo contra el pulso electromagnético. Así se trata de evitar que "fríán" todos los aparatos sofisticados que se acumularán en dichas dependencias.

Se diseñó para acomodar a 600 personas. Se trata de que puedan permanecer encerradas en el interior del recinto, sin recibir ayuda alguna del exterior, durante ocho días.

Su superficie total es de 10.000 metros cuadrados, dividida en cuatro plantas de 2.500 metros cada una. Según estas fuentes, la obra civil se entregó en 2006. Fue adjudicada a empresas españolas, que desde entonces están llevando a cabo esta mastodóntica obra. De hecho, como explicaron los que tuvieron la oportunidad de conocer cómo se llevó a cabo, lo primero que se hizo fue un agujero en la zona de la colina de la base de Torrejón seleccionada.

Las adjudicatarias del proyecto fueron empresas españolas. Tras concretar el "agujero", se construye la estructura del búnker y, posteriormente, se entierra. Esta instalación está financiada por la OTAN y España, con un 75% y un 25%, respectivamente. El coste total ha ascendido a los 60 millones de euros, que no es poco pero tampoco son las cifras de otros proyectos de este tipo, como los del Cuerpo de Ingenieros de Estados Unidos, que suelen oscilar entorno a los 150 millones de dólares para instalaciones de este tipo.

Una de las mudanzas que se han llevado a cabo a este nuevo emplazamiento, quizá sea una de las más difíciles y complejas que podamos imaginar. Se trata de cambiar de espacio a aquellos que controlan los espacios aéreos, de ámbito nacional y de ámbito OTAN. Eso obliga a mantener operativos dos sistemas a la vez, para que no se deje de controlar ni un minuto el cielo mientras se realiza el cambio al nuevo emplazamiento.

Este gigantesco cubo subterráneo está estructurado en cuatro plantas. En la primera, denominada Planta de Vida, se encuentra el control de acceso, la seguridad, la zona de descontaminación CBRN. Además está la zona de usos comunes: comedor, cocinas, almacenes de alimentos, habitaciones del personal de servicio, oficinas de apoyo y algunos almacenes. En la segunda planta se encuentran los servidores de ACCS (españoles y NATO), servidores de comunicaciones (seguras, cifradas, SATCOM, líneas telefónicas comerciales, etc.), POP (punto de presencia OTAN en España), servidores de la red de Defensa española, servidores de la red NATO SECRET, y oficinas técnicas del personal CIS (Sistemas de Comunicación e Información).

Esta planta dispone de refrigeración adicional para mantener la temperatura óptima de funcionamiento de los sistemas; y todos los equipos, servidores y elementos sensibles están montados sobre unos amortiguadores, especialmente diseñados para que, en el caso de que se produjera un ataque, no se vean dañados por las eventuales sacudidas.

En la tercera planta están las salas de operaciones y la totalidad del personal que conduce y planea las operaciones aéreas de Defensa Nacional y OTAN.

Y finalmente está la cuarta planta, que contiene todos los elementos para que el búnker pueda funcionar: sala de control de sistemas de vida y funcionamiento, generadores eléctricos, depósitos de combustible, estabilizadores de corriente, sala de baterías, sistema contra incendios, sistema de control ambiental, depósitos de agua (potable, sanitaria y de descontaminación), filtros de aire, etc.

La puesta en funcionamiento del lugar fue en mayo de 2015, el rey Felipe VI fue el encargado de hacer "oficial" su operatividad visitando sus instalaciones, acompañado de la prensa acreditada, probablemente la última vez que personal civil accede a esta base que dirige las operaciones de defensa aérea de once países.

Aeropuerto de Torrejón de Ardoz, Madrid
(wikipedia / AlbertoDV)

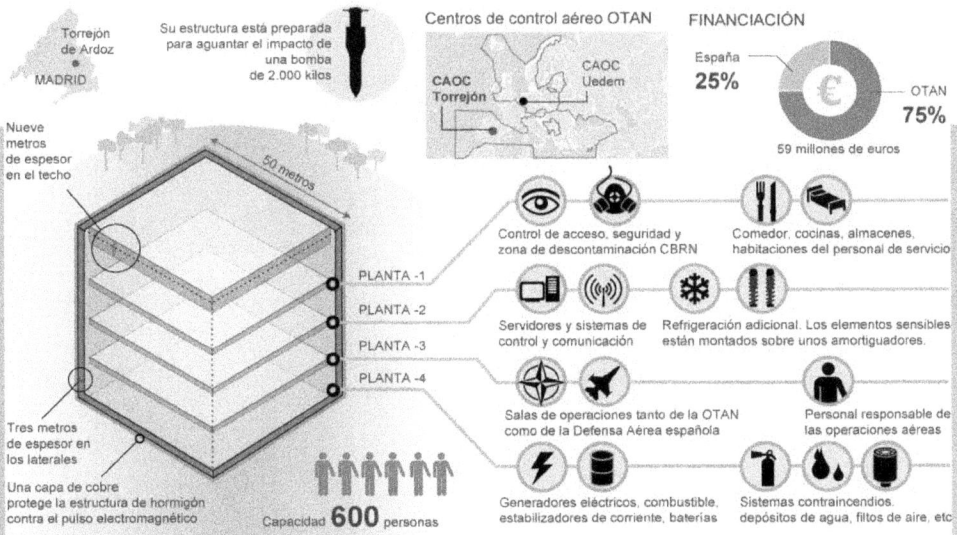

Torrejón de Ardoz
MADRID

Su estructura está preparada para aguantar el impacto de una bomba de 2.000 kilos

Centros de control aéreo OTAN

CAOC Torrejón
CAOC Uedem

FINANCIACIÓN

España 25%

OTAN 75%

59 millones de euros

Nueve metros de espesor en el techo

50 metros

PLANTA -1
PLANTA -2
PLANTA -3
PLANTA -4

Tres metros de espesor en los laterales

Una capa de cobre protege la estructura de hormigón contra el pulso electromagnético

Capacidad 600 personas

Control de acceso, seguridad y zona de descontaminación CBRN

Comedor, cocinas, almacenes, habitaciones del personal de servicio

Servidores y sistemas de control y comunicación

Refrigeración adicional. Los elementos sensibles están montados sobre unos amortiguadores.

Salas de operaciones tanto de la OTAN como de la Defensa Aérea española

Personal responsable de las operaciones aéreas

Generadores eléctricos, combustible, estabilizadores de corriente, baterías

Sistemas contraincendios. depósitos de agua, filtos de aire, etc

TAMAÑO COMPARADO

Búnker de Torrejón
(Total 4 plantas)
10.000 m2
Superficie por planta: 2.500 m2
50 m.
50 m.

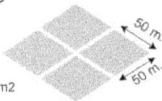

Bunker de Moncloa
(3 plantas)
7.500 m2
50 m
50 m.

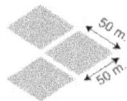

Campo de fútbol
7.140 m2
105 m.
68 m.

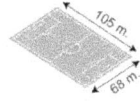

Grafico de la distribución de el búnker (El Mundo)

El Rey, Felipe VI, en el bunker de Torrejón (EuropaPress)

La moderna Arca de Noé: búnker para la cúpula israelí

Es el proyecto de **seguridad** más espectacular en la joven historia del Estado de Israel y algunos ya lo llaman "la moderna Arca de Noé".

Se trata de un inmenso búnker destinado a proteger a la cúpula política y de seguridad israelí en caso de un ataque nuclear, químico o biológico, aunque también, eventualmente, de atentados de gran envergadura o desastres naturales especialmente potentes.

Debido a las tensiones existentes en la zona, se lo asocia al proyecto de desarrollo nuclear de la República Islámica de Irán, cuyos líderes se han pronunciado en varias oportunidades en favor de "borrar al Estado sionista de la faz de la tierra". Pero, en realidad, fue concebido mucho antes de que esa amenaza tan explícita existiera.

El periódico israelí *Yediot Ahronot* llegó a publicar un artículo según el cual el búnker tiene "espaciosos túneles que permiten a dos camiones viajar de forma paralela, salas de control, decenas de ascensores de emergencia, cuarteles militares, habitaciones y oficinas".

La profundidad y la superficie exactas no pudieron ser divulgadas por motivos de seguridad. Pero un diputado que visitó el proyecto y habló con el mencionado diario, dijo: «Parece el escenario del juicio final. Esperemos que nunca sea necesario habitar este lugar estremecedor, digno de una película de ciencia ficción».

La intención es que el Gobierno en pleno, el Parlamento y la Comandancia Suprema del Ejército se instalen en el nuevo búnker, a fin de dirigir desde allí los destinos del Estado en caso de una catástrofe.

Bajo el Ministerio de Defensa y el Estado Mayor en Tel Aviv ya existe un búnker a prueba de armas no convencionales, modernamente equipado y "realmente impresionante", según algunos testimonios. Pero el nuevo, que está siendo construido en los montes que rodean Jerusalén, lo superaría ampliamente.

Según lo ya publicado, habría dos entradas de acceso al lugar, una de ellas conectada directamente con la sede del Gobierno, por lo cual cabe suponer que en caso de emergencia nacional, el primer ministro y todo su gabinete serían trasladados por túneles secretos y kilométricos a esta inmensa instalación subterránea cerca de la ciudad.

Silencio oficial

Nadie dentro de las esferas de poder o cercanas a ellas acepta hablar oficialmente del búnker en cuestión. Aunque su existencia misma ya no es un secreto, todo lo relativo al refugio nuclear va acompañado de un gran misterio.

El doctor Yuval Steinitz, que entre comienzos del 2003 y mediados del 2006 fue presidente de la Comisión de Exteriores y Seguridad del Parlamento israelí (Knesset), se refirió en forma esquiva al tema. «No puedo referirme a todo lo que ha sido publicado, ni confirmarlo ni desmentirlo», dijo. «Sólo puedo decir que es imperioso proteger a la cúpula política, al primer ministro y a la comandancia del ejército durante cualquier guerra». Y tras una breve pausa, agregó: «Yo ni siquiera puedo confirmar que algo está siendo construido».

Por su parte, el general Yaakov Amidror confirmó la existencia del proyecto: «Cuando yo fui secretario militar del Ministerio de Defensa en 1998, eso ya era una idea vieja. No sabría decir exactamente cuándo, pero la decisión pudo haber sido tomada también hace quince años».

Según el doctor Ronen Bergman, destacado comentarista de seguridad del *Yediot Ahronot*, y autor del libro *La guerra secreta con Irán*, lo que en realidad impulsó la idea sobre este búnker, fue la primera guerra en el Golfo Pérsico, durante la cual el entonces gobernante de Irak, Saddam Hussein, disparó treinta y nueve misiles Scud contra el territorio israelí.

Bergman explica que «para Israel, una amenaza armada ya es considerada como ataque no convencional».

Yaakov Amidror sostiene que era inconcebible no contar con un bunker de este tipo. «Israel no tenía ningún centro en el que los jefes de Estado pudieran adoptar decisiones extremas, sin que se les caiga algo en la cabeza». Por tal motivo, añadió: «Hace muchos años, sin relación alguna con el proceso nuclear iraní, se decidió construir un búnker moderno en el que haya tanto medios de comunicación como de control, que les permitan tomar decisiones también en situaciones difíciles».

Como suele suceder con toda gran noticia relativa a Israel, la divulgación de este inmenso búnker ha despertado varios interrogantes.

Hay quienes se preguntan por qué se invierten fondos millonarios (nada menos que 240 millones de dólares) en algo que, quizá, nunca vaya a ser usado, mientras parece no haber los fondos necesarios para acometer gastos más esenciales de seguridad.

Otros, en tanto, cuestionan por qué se debe priorizar la protección de los líderes mientras la ciudadanía queda expuesta, y se

muestran interesados por saber si los familiares de ministros y di-
putados también podrán entrar al refugio, o qué pasaría si ciudadanos comunes intentaran ingresar por cualquier medio al búnker
para salvarse de una hecatombe.

El búnker de Stalin

Trasladémonos al año 1941. En plena II Guerra Mundial, las tropas de Hitler se acercan cada vez más a la zona oriental, situándose muy cerca de Moscú. Stalin, abandona la ciudad con su gobierno y decide trasladarse a la ciudad de Samara, a 1000 km de la capital soviética.

A pesar del pacto germano-soviético de 1939, Hitler, traiciona a Stalin y decide invadir la URSS y, aunque en esos momentos el ejército de Moscú (Ejército Rojo) se encontraba muy debilitado, Stalin no se rinde y decide dirigir personalmente la guerra contra los alemanes.

Fue sanguinario e implacable y se le consideró el mejor político de la II Guerra Mundial, y conseguiría vencerlos en la Batalla de Stalingrado el 31 de enero de 1943, fecha en la que Alemania firmaría su rendición.

Una vez en la ciudad de Samara, punto estratégico de la región, Joseph Stalin comienza a construir lo que sería su bunker, diseñado por los ingenieros del metro de Moscú, donde se refugiaría con su gobierno en caso de perder contra Alemania.

El bunker se encuentra a 37 metros bajo tierra, protegido por una capa de 3 metros, de hormigón y puertas blindadas, que lo hacían tan seguro que apenas se hubiesen notado los bombardeos más terribles.

Mucho más seguro que el búnker donde se suicidó Hitler, de tan solo 16 metros de profundidad.

25000 metros cúbicos de tierra tuvieron que ser removidas para levantarlo. Está situado bajo el edificio donde tenía su sede el Partido Comunista y se accedía a través de él y de una pequeña puerta. Consta de varios pisos y está dotado de ascensores.

La existencia de esta construcción fue totalmente mantenida en secreto por la KGB (Comité para la Seguridad del Estado) hasta que desclasificaron los papeles en el año 1990, lo que fue toda una sorpresa para los habitantes de la ciudad y para los ciudadanos soviéticos en general.

La primera estancia que nos encontramos es el despacho del líder comunista, que se conserva intacto y es una copia del que tenía en el Kremlin. Modesto, con un sofá y una mesa, podía alojar hasta 125 personas en su interior. Una curiosa particularidad, este despacho cuenta con seis puertas de las cuales solo dos son de verdad.

Además, el búnker cuenta con una gran sala de conferencias, con capacidad para unas 100 personas.

No está documentado que Stalin llegase a refugiarse allí, se supone que en caso de verse amenazado seriamente, dirigiría desde este secreto lugar su ofensiva, en el bunker de la ciudad de Samara, a orillas del Volga.

Como hemos mencionado, la existencia de esta construcción subterránea no se conoció hasta el año 1990, por lo que cabe preguntarse cómo los vecinos no se enteraron de dichas excavaciones y de cómo se sacó en secreto tal cantidad de tierra a la superficie.

La falta de documentación, como ocurre en muchos casos históricos, hace que las hipótesis se mezclen con las leyendas. Desde que los obreros sacaban la tierra en mochilas, hasta que todos los operarios habían sido asesinados para evitar que delatasen el lugar. El caso es que a día de hoy no se conoce tampoco ningún superviviente que haya vivido la construcción del refugio, un enigma muy a la rusa.

Interior del búnker de Stalin (RIA Novosti / Alexey Babushkin)

Despacho de Stalin en le bunker de Samara (RIA Novosti / Alexey Babushkin)

Acceso al bunker de Stalin (RIA Novosti / Alexey Babushkin)

Sala de conferencias del bunker de Samara (commons.wikimedia.org)

Búnker 42

En el barrio moscovita de Tanganka, a 65 metros bajo tierra, se puede disfrutar de todas las comodidades que un refugio anti radiación soviético puede ofrecer: restaurante, bar, karaoke, sala de reuniones y, cómo no, museo.

El Búnker 42 alberga 7.000 metros cuadrados en los que es posible celebrar fiestas, cumpleaños, convenciones, banquetes, bodas... Y, por supuesto, están abiertos a la posibilidad para grabar películas.

Frivolidades al margen, y por 1.300 rublos (alrededor de 33 euros) podemos acceder a una visita guiada por el interior para comprobar cómo eran las condiciones de vida de los 2.500 operarios ocupados de mantener en funcionamiento semejante mole; las salas de comunicaciones, los barracones, la maquinaria de mantenimiento; todo se ha conservado tal cual fue en su momento.

El Búnker 42 data de 1956, seis años antes de la denominada "crisis de los misiles" y uno de los momentos más tensos de la Guerra Fría. Se construyó junto, y en sustitución, del conocido como "Búnker de Stalin", un reducto de los años 40 no diseñado para contener un ataque nuclear.

Situado a 65 metros de profundidad, cerca de la estación de metro de Taganskaya, en principio fue bautizado como Tangansky Protected Command Point y contaba con una dotación permanente de 600 trabajadores encargados de la ejecución del sofisticado (para la época) equipo de comunicaciones, los complejos filtros de aire, el mantenimiento del combustible y las provisiones de reserva, preparados en todo momento ante la posibilidad de que empezaran a sonar las alarmas.

Por fortuna, a partir de 1980 y con la reducción paulatina de las hostilidades entre ambos núcleos, el Búnker 42 empezó a carecer de sentido estratégico. En 2006 el búnker fue puesto a la venta por la Federación de Rusia en subasta pública y adquirido por una empresa privada, Novick, por 65 millones de rublos, con planes para convertirlo en un complejo de entretenimiento. Y, aunque hoy funciona ya como un mero centro de ocio, también podría seguir cumpliendo sus funciones bélicas, al menos según los actuales propietarios.

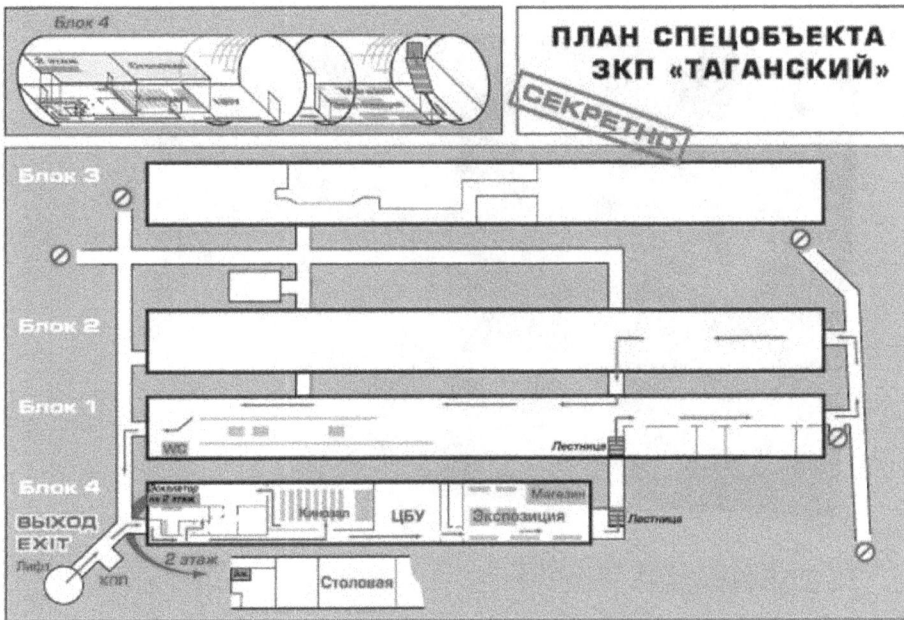

Mapa de distribución del bunker

Control de comunicaciones

Túneles del bunker 42

CIUDADES
SUBTERRÁNEAS

Tanto en la más remota antigüedad como en épocas más recientes el ser humano ha visto en el subsuelo una forma de salvaguardarse de diferentes tipos de peligros. En la primera parte de este libro hemos visto un buen número de bases subterráneas; algunas, auténticas obras de ingeniería de una era relativamente moderna, otras, instalaciones más modestas dentro de la complejidad que supone su construcción y disposición de medios. Pero todas ellas tenían en común el hecho de tener la vocación de base o refugio, con una capacidad de ocupantes que, aunque elevada para algunos casos concretos, no deja de ser modesta, al menos en comparación a lo que sería una ciudad. Una autentica urbe, con capacidad para miles de personas y posibilidad de autoabastecimiento. Las ciudades subterráneas.

La ciudad subterránea del Pueblo Lagarto

Vamos a viajar a Estados Unidos, al estado de California y, concretamente, a la ciudad de Los Ángeles. Allí radica una vieja historia de los años 30, la cual yo pensaba tenía más de rocambolesca y sensacionalista que de verídica y bien documentada. Sin embargo, tengo que confesar que a medida que me adentraba en la documentación, unía cabos y recababa datos, yo mismo me he visto sorprendido.

Primera Búsqueda

En febrero de 1933, George Shufelt, ingeniero de minas, Rex Mc-Creery, abogado, y un hombre llamado Ray Martínez comenzaron a cavar encima de Fort Moore Hill, en los terrenos de la antigua mansión Banning. Tenían un mapa antiguo, propiedad de Martínez. Shufelt que, como ingeniero, aportaba un invento que llamaba "máquina de radio de rayos X", una herramienta sensible a los depósitos de metales preciosos debajo de la tierra. Y McCreery, como abogado, consiguió lo más sorprendente, un permiso de la Junta de Supervisores del Condado de Los Ángeles para excavar. ¿Por qué lo más sorprendente? Porque el permiso se solicitó para la "búsqueda de un primitivo tesoro enterrado en el lugar por antiguos colonos españoles".

Las autoridades locales vieron en el posible tesoro una interesante fuente de financiación para los planes de expansión de la ciudad tras la Gran Depresión y el Crack del 29. El diario Los Ángeles Times publicó así la noticia:

La Junta de Supervisores del Condado ha autorizado a tres hombres para excavar en la colina de Fort Moore, con la condición de que el condado reciba la mitad de todos los metales preciosos descubiertos.

Dos semanas después, y tras haber excavado hasta 15 metros de profundidad, el Times comenzaba a bromear con la búsqueda:

...al parecer el oro es de carácter esquivo e inquieto y no se contenta con permanecer en un solo lugar....

La colina fue salpicada de agujeros, pero ningún tesoro salía a relucir.

El 9 de marzo, a última hora del día, una ráfaga de emoción recorrió la excavación. Los tres hombres estaban agitados ante los datos que arrojaba el invento de Shufelt en un lugar concreto. El Times reflejaba así la noticia:

Un silencio cayó sobre la excavación, todo el mundo espera ver lo que la máquina de rayos pudo leer. Sin embargo, los cazadores de tesoros taciturnos se negaron a revelar la causa de la emoción contenida y nos han dejado con un aire de intensa esperanza.

Al día siguiente, el 10 de marzo, un terremoto de 6,3 grados sacudió la ciudad, matando a 120 personas y causando daños por valor de 45 millones de dólares. La búsqueda del tesoro fue olvidada con artículos sobre los muertos, la destrucción y el caos. El 27 de marzo expiró el permiso de excavación y nada más se supo de Shufelt o sus compañeros a lo largo de ese 1933.

Segunda búsqueda

En enero de 1934, Shufelt vuelve a solicitar un permiso de excavación. En esta ocasión la historia que le acompaña es otra, era la que le había contado, y cito textualmente, *Pequeño Jefe Hoja Verde*, un jefe de los indios hopi, cuyas tradiciones hablan de "criaturas que volaban sobre escudos".

La historia de este jefe indio decía que, hace tres mil años, un grupo de nativos americanos conocidos como el "Pueblo del Lagarto" comenzó a hacer túneles subterráneos. Se estaban preparando para el apocalipsis que se acercaba, que se imaginaban que vendría como una gran lengua de fuego que envuelve a la tierra. Enterraron profundamente en un laberinto de túneles subterráneos y antecámaras, los registros de la historia de la humanidad, grabados en tablas de oro gigantes.

Según afirmaba el propio Shufelt, lo que su "máquina de rayos X" había señalado un día antes del terremoto era la ubicación de esas galerías y tablas de oro.

Esta fue la historia que contó a la Junta de Supervisores del Condado. En su mano había un mapa que había dibujado de los túneles subterráneos, en base a las lecturas que había logrado con su máquina de "radio de rayos X". Shufelt obtuvo el permiso para tan curiosa propuesta de excavación.

El proyecto es estrella en los periódicos; el 29 de enero, *Times* publica en portada el siguiente titular: "Descubierta Ciudad Lagarto bajo Los Ángeles", acompañando el artículo una representación artística del Pueblo Lagarto y el mapa dibujado a mano de Shufelt, que según él se parecía al cuerpo de un lagarto. La cola del túnel en forma de lagarto estaría bajo la actual Biblioteca Central y su cabeza descansaba debajo de lo que hoy es el Dodger Stadium. La historia fue recogida en noticias nacionales. Todo el país estaba pendiente de Warren Shufelt, su fascinante historia y su "máquina de radio de rayos X."

En febrero alcanzan más de 106 metros. Pero el 5 de marzo los pozos son rellenados apresuradamente y el contrato con la ciudad de Los Ángeles se rescinde. No vuelve a emitirse ningún comunicado sobre el proyecto, y varios proyectos federales empiezan a erigirse en la zona de las excavaciones. Hacia 1947 unas declaraciones de la Cámara de Comercio de Los Ángeles insinúan que «es bastante posible que ese laberinto existiera. Pero dado el actual desarrollo de proyectos —incluyendo edificios federales, estatales y del condado— hay pocas posibilidades de que futuras excavaciones puedan autorizarse». George Shufelt desaparece del mapa y nunca más hace vida pública hasta su muerte en noviembre de 1957. No hay información alguna posterior referente a los "supuestos" hallazgos del ingeniero.

Historias posteriores hablan de una red de túneles bajo Los Ángeles y Santa Mónica, que no son más que la periferia de una extensa metrópoli sumergida bajo la costa del Pacífico.

Actualmente

En mayo de 2014 tres investigadores de Los Ángeles, intrigados por la intensa actividad ovni de la zona en los últimos años, rastreaban milímetro a milímetro la zona de costa a través de *Google Earth*, según ellos mismos «buscando alguna anomalía que justificara los testimonios que afirmaban ver objetos voladores entrando y saliendo del mar». De repente encontraron una extraña estructura submarina frente a la costa de Malibú. Una meseta de 9,7 km cuadrados, con lo que sería una entrada entre unos pilares de apoyo de 19 metros de ancho y unos 190 de altura.

Las posibles explicaciones, el objeto, o el propio origen de esta presunta "puerta" de acceso submarina al subsuelo de Los Ángeles, es algo que, por ahora, queda a libre interpretación.

Algunos datos sobre los hopis

Los hopis son un gran grupo de nativos americanos del suroeste de Estados Unidos. Son una de las más antiguas tribus de nativos americanos en los Estados Unidos, cuyos orígenes datarían del año 1050.

¿Qué significa hopi?

Hopi significa "pacífico" o "gente civilizada" en la lengua hopi. Los hopis hablan una lengua que se llama apropiadamente hopi y es un lenguaje derivado del náhuatl.

¿De dónde son los hopis?

Los hopis viven en Arizona. Tienen una reserva en la zona suroeste de los Estados Unidos. Se llama Nación Hopi, donde algunos hopis permanecen hasta nuestros días manteniendo vivas sus tradiciones.

Los amigos voladores de los indios hopi

Los indios hopi afirman que sus antepasados fueron visitados por seres que se desplazaban en escudos volante y dominaban el arte de cortar y transportar enormes bloques de piedra, así como de construir túneles e instalaciones subterráneas.

Escudos voladores

La tradición de los hopis —viva hoy en día— une el origen de su pueblo al contacto con unos seres de forma humana que disponían de aparatos voladores en forma de escudos. Los textos clásicos latinos, por su parte, así como también los *Annales Laurissenses* que daban cuenta de las campañas de Carlomagno, refieren diversos avistamientos de escudos voladores. Las tradiciones de los indios hopi, exactamente igual.

C.W.A. WILL END ABUSES

Veterans to Have Preference

Irregularities in Selecting of Employees Also Will Be Investigated

More Than $17,000,000 Paid Workers in Nine Weeks of State Program

---

Noted Briton Arrives Here

Mrs. Paddy Winstedt

SCHOOL BILL DROP SHOWN

Kersey Tells of Outlay Cuts

County Savings in Excess of Averages for State Cited in Report

Series of Tables Offered to Indicate Methods of Shaving Expense

---

"The Four Horsemen of the Apocalypse"

(Above from the woodcut by Albrecht Dürer) is the first of a series of reproductions to appear in The Times of famous works of art from the exhibition which will be opened tonight by the Los Angeles Art Association at the Los Angeles Public Library. Each reproduction will be accompanied by a brief article, by Arthur Millier.—The Times.

SQUADS RAID THREE CLUBS

Gambling Drive Nets Fourteen

Much Paraphernalia Seized as Officers Swoop Into Exclusive Resorts

Operatives as Waiters Open Doors for Sheriff's Men Wearing Full Dress

---

The Lancer

BY HARRY CARR

MACON WILL SOAR OVER SOUTHLAND

Coming Week's Trip Will Be Prelude to Attempt an Endurance Record

---

LIZARD PEOPLE'S CATACOMB CITY HUNTED

Engineer Sinks Shaft Under Fort Moore Hill to Find Maze of Tunnels and Priceless Treasures of Legendary Inhabitants

BY JEAN BOSQUET

BALLOT DATE IN DISPUTE

School Board Threatens to Change Bond Election if Supervisors Add Courthouse Issue Today

---

FLOOD-RELIEF FUND GROWS

Legion Auxiliary Members Collect $700 With Rush of Week-end Sight-seers to Area

---

POOR PA
BY CLAUDE CALLAN

"Ma fussed at me every foot of the way when I took her to church to deliver her little talk to wives advising them to be sweethearts to their husbands."

EFFORT TO SAVE KITE MAY COST CHILD LIFE

AUNT HET
BY ROBERT QUILLEN

"I reckon it's better to have only a few friends and then you can remember which one borrowed the book you're lookin' for."

QUIZ SLATED ON USURPING

Attorneys' Grab Under Fire

Grand Jury's Attention to Be Called to Practices at Hall of Justice

Lawyers Appropriate Office Space in Building to Transact Business

DID STRANGE PEOPLE LIVE UNDER SITE OF LOS ANGELES 5000 YEARS AGO?

FRIEDMAN TRIAL TO BE RESUMED

Judge Scheduled Later to Rule on Mae West Case Confession

FIRE SWEEP PUTS VICTIM IN HOSPITAL

Woman Burned in Effort to Save Foals in Burning Ranch Buildings

G.O.P. PLANS LINCOLN DAY OBSERVANCE

County Republicans to Hold North Hollywood Banquet February 12

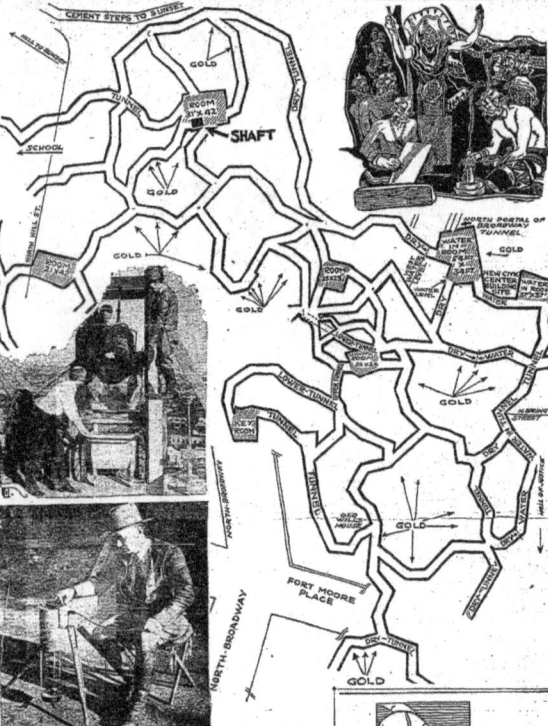

TRACES OF CATACOMB CITY OF LIZARD PEOPLE SOUGHT

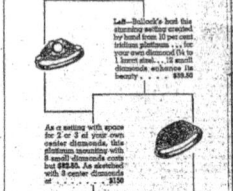

En páginas interiores el periódico Los Ángeles Times publicaba el plano de la ciudad descubierta en el subsuelo.

1880-Fort Moore Hill.

1949-Excavación final de Fort Moore Hill por la autopista 101. Foto cortesía de Los Ángeles Times Archivo Fotográfico.

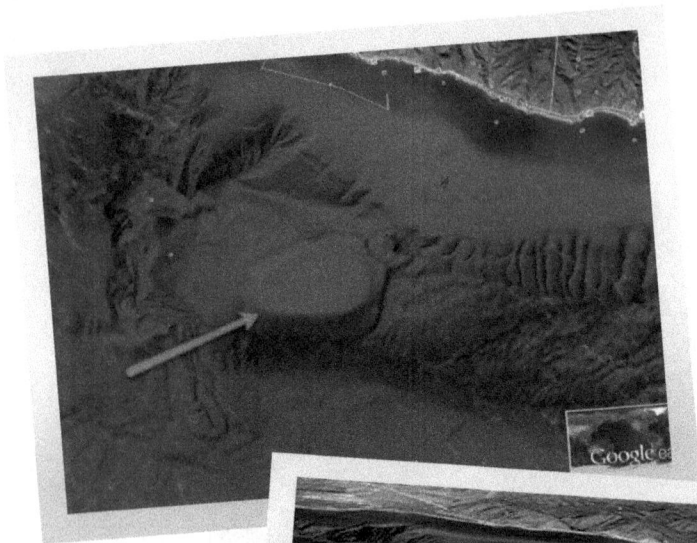
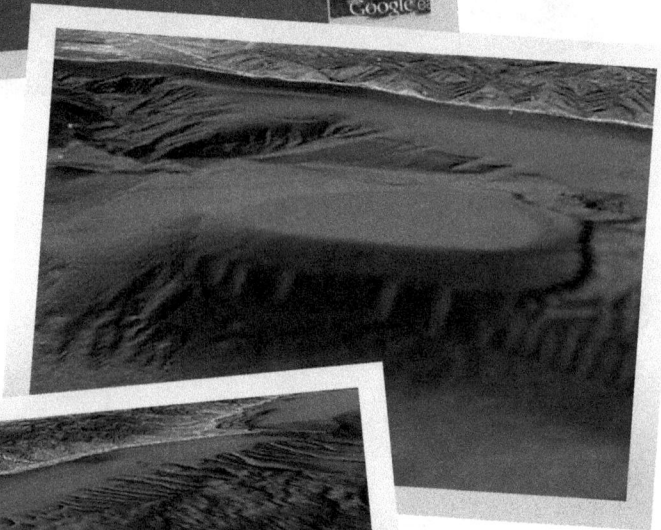

Meseta submarina por la cual, y según algunos investigadores, se podía acceder en el pasado a la ciudad subterránea de Los Ángeles.

Las ruinas sumergidas del lago Titicaca

Cojan aire. Nos disponemos a sumergirnos bajo el agua, donde todavía hay tanto por descubrir... Hacemos un alto en nuestro periplo subterráneo para detenernos en busca de respuestas sobre los primeros pobladores...

La existencia de una civilización precolombina anterior a las conocidas, comenzó a tomar cuerpo con la entrada del milenio, cuando una noticia comenzó a circular con insistencia. Según se desprendía de los primeros informes, la Expedición Atahualpa 2000, bajo las aguas del lago Titicaca, en pleno corazón boliviano, halló restos de una civilización desconocida. Aunque de estas ruinas se tenía conocimiento, hasta el momento no se tenía la evidencia definitiva y, aunque en este caso las pruebas parecían ser contundentes, el descubrimiento reabrió una polémica sobre la antigüedad de las civilizaciones en América. De inmediato, se levantaron voces en contra, y el hallazgo, como ya es una constante en estos casos, entró en "zona muerta".

Para comprender la mentalidad arqueológica sudamericana, debemos tener en cuenta su fuerte afiliación a los dictados europeos y norteamericanos que siguen teniendo una fuerte influencia en la materia. Romper con esa estructura no es tarea fácil, ya que todo aquel estudioso que se desvíe de las leyes establecidas corre el riesgo de ver su carrera truncada. Localmente tampoco hay una defensa más acentuada sobre las culturas pasadas de este continente, y generalmente subyace un cierto temor en buscar respuestas a ciertos interrogantes que aún subsisten en cuanto a las culturas que poblaron América antes de la Conquista.

«El fondo de este lago ha permanecido hasta ahora más secreto que la superficie de la luna», explicaba Jacques Cousteau en 1968, después de realizar la tercera exploración arqueológica subacuática en la historia del lago Titicaca. Sus aguas, así como sus treinta y seis islas, esconden un sinfín de enigmas, historias y leyendas vinculadas fuertemente con el misticismo chamánico, la cosmovisión y lo mágico. Una, la más conocida y comentada a los turistas, se remonta a sus orígenes y destaca la importancia del dios Viracocha en los pueblos ancestrales que habitan la Isla del Sol, la tierra naciente de la civilización Inca. En la actualidad, la vida cotidiana y las costumbres de los aymaras, los quechuas y los urus son el resultado de un profundo mestizaje entre la fe cristiana que impusieron los colonizadores españoles y las creencias incaicas milenarias.

La historia de Viracocha y los pumas de piedra se basa en el significado etimológico del nombre del lago. «Cuando los españoles llegaron aquí no pudieron pronunciar correctamente Titekjarka, que es el nombre original, y por eso lo llamaron Titicaca. Traducido al castellano sería el lago de los pumas de piedra (*Tite* es jaguar y *kjarka*, roca)», explica Alfredo, uno de los ocho guías de la Comunidad Challampampa que habita el sector norte de la isla. Incluso, existen teorías que prueban que al invertir el mapa del lago puede apreciarse el contorno de un puma sosteniendo entre sus garras a una vizcacha. Esta imprecisa y rebuscada interpretación intenta establecer coincidencias entre el nombre del lago y su topografía.

Sin embargo, existen otros que apuntan el origen de su nombre al de la isla Intikjarka, que derivada de las lenguas aymara y quechua, y significa Isla del Sol (*inti*: sol, y *kjarka*: isla).

A pesar de que coexistan diferentes interpretaciones contrapuestas sobre el significado del término Titicaca, todas las leyendas coinciden en Viracocha como el dios Sol, creador de las estrellas y la luna, y artífice supremo de los hombres y los pueblos.

Los mitos incaicos y preincaicos que supieron recoger los primeros cronistas españoles hace 500 años registran dos apariciones: una que lo retrata emergiendo de la Roca de los Orígenes (Roca Titicaca o sagrada) durante la creación del mundo, y otra que cuenta que surgió de las aguas del lago durante la época del Purun Pacha (el silencio después de la tempestad).

Existe también otra leyenda vinculada con Viracocha que explicaría la sacralidad y los poderes mágicos que se le atribuyen al lago. La historia cuenta que en la antigüedad existía una ciudad muy desarrollada, llena de recursos y fertilidad, similar a un paraíso terrenal, en la que reinaban el amor, la paz y la felicidad. Se dice que los Apus (dioses de las montañas), satisfechos por la fortuna y la prosperidad de sus pobladores, solo les prohibían subir a la cima de las cordilleras donde ardía el Fuego Sagrado. Pero el diablo, que no podía soportar el bienestar y la algarabía imperantes, se apareció en el lugar para persuadir a los mortales a que escalaran las laderas de aquellos riscos y finalmente alcanzaran la cumbre prohibida.

Los Apus, al descubrir que los ciudadanos habían infringido su voluntad divina, decidieron castigarlos y liberaron a un centenar de pumas para que los devoraran. Cuando Viracocha vio que toda la población había muerto, lloró durante cuarenta días y cuarenta noches. La lluvia roja que cayó destruyó los canales de riego y desbordó los ríos. Las aguas cubrieron toda la ciudad y así se originó el actual lago Titicaca, según la leyenda.

Ruinas subacuáticas

Si bien desde tiempos inmemoriales se construyeron mitos sobre posibles metrópolis en los alrededores del lago, a partir de 1956, luego de la primera exploración arqueológica subacuática, se encontraron restos que sugerían la existencia de construcciones sepultadas por las aguas del Titicaca por razones que aún se desconocen.

El profesor Rubén Vela, del Instituto Arqueológico de Tiahuanaco, elabora una hipótesis para entender el origen de los vestigios encontrados: «Estas ruinas tienen un carácter sagrado. Su construcción hace pensar en un templo lacustre que habría constituido el punto de reunión de una peregrinación religiosa muy importante». Otros investigadores complementan esta teoría al sostener que las ruinas sumergidas son una prolongación de los muros del Templo del Sol que se encuentra en el sector norte de la isla y que existían previamente al Titicaca. Para los yatiris (sabios chamanes), en las profundidades del lago se encuentra el Taypi Qallta, el origen del universo aymara.

Según una investigación realizada por un grupo de buzos argentinos en 1966, se hallaron muros y recintos en forma de U con la parte abierta señalando hacia el centro del lago. También se encontró un camino empedrado de unos 30 metros de longitud en perfectas condiciones, similar a los caminos del inca que pueden encontrarse en distintas zonas de Perú. Y no faltan las versiones que hacen referencia a una Atlántida o ciudad perdida en las profundidades del Titicaca, y a la existencia de un grupo de laberintos sagrados (conocidos como chinkanas) de varios kilómetros, que en su tiempo podrían haber servido como conexión con Cuzco y Machu Picchu.

Si bien los pobladores de la Isla del Sol se muestran reacios a prestar información sobre las ruinas, diversas exploraciones como las de Cousteau y otros investigadores, en las que se hallaron oro, vasijas y construcciones pertenecientes a períodos muy arcaicos, han fomentado la creencia de la existencia de una ciudad perdida.

En 1848, las ruinas tiwanakotas que se hallan próximas a La Paz fueron visitadas por Bartolomé Mitre, quien apuntó en sus notas de viaje las siguientes palabras: «Se extendía a mis pies una llanura inmensa y árida y teníamos sobre nuestras cabezas el cielo más espléndido y transparente del universo. Casi en el centro de este llano andino yacen las famosas ruinas de Tiahuanaco que, por su antigüedad y sus misterios, así como por la originalidad de su arquitectura, ha sido llamada la Babel americana"».

La leyenda de los mil escalones

Saxamani es el principal puerto de la Isla del Sol y está en el sector sur. A escasos pasos de allí se encuentra una escalinata empedrada con mortero de barro (técnica milenaria perteneciente a los tiwanakus) de aproximadamente 60 metros de altura, rodeada de bellos jardines. Al ascender a su punto máximo se encuentra la Fuente de las Tres Aguas, donde confluyen tres chorros de agua que representan la purificación, la vida y la juventud. Los lugareños afirman que quienes beben de ella sanarán su alma y prolongarán su vida eternamente.

Cuenta la leyenda que el líder inca era subido por seis sacerdotes del imperio hasta la cúspide de los mil escalones de Saxamani, en un trono de oro, para beber el agua sagrada. Por esta razón es común que algunas interpretaciones señalen que la fuente representa las tres leyes máximas de los incas: ama sua, ama llulla y ama khella, que significan no robes, no mientas y no seas flojo.

Isla de los uros: Respuesta a muchas preguntas

En los márgenes del Titicaca, alejado de las grandes comunidades de la Isla del Sol, se asienta uno de los pueblos más antiguos de

América. Los uros o puquinas, a pesar del mestizaje con quechuas y aymaras, persisten en sus costumbres al desarrollar las mismas tareas que sus antepasados.

Contemplar el islote en el que viven es capturar un momento detenido en el tiempo. Aún construyen embarcaciones con paja de totora (la planta sagrada que crece en los pantanos del Titicaca), levantan sus viviendas sobre islas flotantes (todas hechas con totora), y viven de la caza y de la pesca.

La comunidad de los uros tiene un valor histórico fundamental ya que podría ser la respuesta a millones de interrogantes, como el basamento y el inicio de la civilización tiwanacota. Al igual que, ante las pirámides egipcias, muchos se cuestionan las causas de su edificación, los arqueólogos que estudian a los incas se preguntan cómo fue posible mover y transportar los pesados cantos de andesita sobre los que se cimentan los templos en Tiahuanaco. Todo parece indicar que a través de las aguas del Titicaca, a bordo de inmensas naves de totora[1], se lograron trasladar los materiales necesarios para construir dichas edificaciones.

Los misterios del Titicaca, su significado, todo lo que esconden sus aguas fue, es y, mucho me temo, seguirá siendo todo un enigma cuyo ánimo por descifrar nos hace merecedores del título de buscadores de la verdad.

----

1 Tipo de embarcación construida desde *mil a tres mil años a. C.* con tallos y hojas de totora.

Lago Titicaca (perutripsplanner.com)

Viracocha, el dios creador de los Incas. En el mito de la creación inca, Viracocha emergió del Lago Titicaca para traer poblar la Tierra...

Algunos de los artefactos de oro y piedra recuperados del templo bajo el agua en el lago Titicaca (Centro de Arqueología Subacuática Andina – Casa)

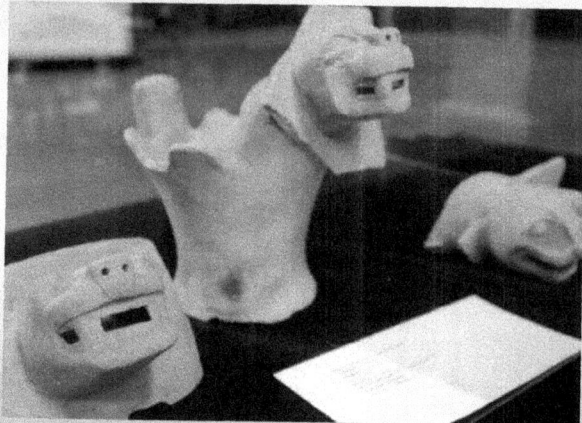

Terraza agrícola sumergida (Centro de Arqueología Subacuática Andina – Casa)

Antigua ciudad en el Gran Cañón

Incluso con los avances de la arqueología en los días modernos, la mayoría de las ciudades enterradas en el mundo aún siguen siendo un misterio. Los descubrimientos asombrosos requieren de grandes esfuerzos y, a veces, una cantidad extra de suerte. Si tuviéramos que confiar en el periodismo del comienzo del siglo 20, aprenderíamos que la serendipia[1] condujo a la puerta de una de las más fascinantes ciudades subterráneas descubiertas hasta la fecha.

De acuerdo con un artículo publicado en *The Arizona Gazette* el 5 de abril de 1909, el Gran Cañón fue el hogar de una civilización formada muy probablemente por individuos de proporciones gigantescas, y allí se encuentran los vestigios que darían testimonio de su existencia.

El artículo menciona el descubrimiento de una enorme ciudadela subterránea por un explorador llamado G. E. Kinkaid, que tropezó con el lugar mientras hacía rafting en el río Colorado.

---

1 Una serendipia es un descubrimiento o un hallazgo afortunado e inesperado que se produce cuando se está buscando otra cosa distinta.

Vale la pena mencionar que Kinkaid era un arqueólogo con trayectoria y tenía el apoyo financiero del Instituto Smithsonian[2], centro de educación e investigación fundado en 1846, que está administrado y financiado por el Gobierno de los Estados Unidos, y que sigue activo en la actualidad.

«En primer lugar, señalaría que la caverna es casi inaccesible», escribió Kinkaid. «La entrada está a 50 metros debajo de la pared escarpada del cañón. Se encuentra sobre las tierras del gobierno y a ningún visitante se le permitirá estar allí».

«[...] Por encima de una saliente que lo oculta de la vista desde el río, está la boca de la cueva. Cuando vi las marcas de cincel en la pared del interior de la entrada, me interesé, aseguré mi pistola y entré».

Los túneles

«El túnel principal tiene 3,5 metros de ancho y se va estrechando hasta los 2,5 metros hacia el final. A unos 17 metros de la entrada, se halla la primera ramificación de pasadizos secundarios a derecha e izquierda, a lo largo de los cuales hay, a ambos lados, habitaciones del tamaño de un salón normal, aunque algunas llegan a los 10 o 12 metros cuadrados. Las puertas de acceso a las habitaciones son ovaladas y la ventilación se hace mediante aberturas circulares en las paredes que dan a los pasadizos y que tienen 1 metro de grosor... Los túneles están esculpidos siguiendo la precisión de un ingeniero. La mayoría de los techos de las habitaciones convergen en un mismo centro. A partir del túnel principal, los pasadizos secundarios giran en un ángulo cerrado y se dirigen al interior, pero al llegar al final van gradualmente tomando una dirección en ángulo recto».

---

2 www.si.edu

La cripta

«A unos 30 metros de la entrada hay una especie de sala de unos cien metros de largo, donde está el ídolo o imagen del dios de este pueblo, sentado con las piernas cruzadas, con una flor de loto o nenúfar en cada mano. Los rasgos de la cara y toda la escultura son orientales. La estatua es muy parecida a Buda, aunque los científicos todavía no están seguros de a qué culto religioso representa. Teniendo en cuenta todo lo que se ha encontrado hasta el momento, es posible que el culto al que se acerque más sea el de la antigua cultura tibetana».

«Alrededor de este ídolo hay estatuas más pequeñas, algunas muy bellas, y otras con formas distorsionadas y el cuello torcido, probablemente, símbolos del bien y el mal. Hay dos grandes cactus con prominentes ramificaciones, uno a cada lado del altar en el que se encuentra el dios. Todo está tallado en una dura roca parecida al mármol. En el lado opuesto al altar, se han encontrado herramientas de cobre de todo tipo. Este pueblo conocía perfectamente el arte perdido de endurecer este metal, tan buscado por los químicos durante siglos sin ningún éxito. En un banco situado alrededor de la habitación de trabajo quedaba algo de carbón y otros materiales usados seguramente en el proceso de elaborar el metal. También hay restos de materiales y una sustancia mate, lo que muestra que este pueblo sabía derretir la mena o mineral del que extraer metales, aunque de momento no se tiene idea de dónde ni cómo lo hacían, ni tampoco de la procedencia de la mena».

«Entre los otros objetos encontrados hay jarrones o urnas y copas de cobre y oro, de diseño muy artístico. Las piezas de cerámica incluyen recipientes esmaltados y vasijas de cerámica vidriada. Otro pasadizo conduce a graneros como los que se encuentran en los templos orientales. Contienen semillas de varios tipos. Al mayor de ellos no se ha podido entrar todavía porque tiene 3,5 metros de altura y solo se puede acceder a él por arriba. Hay dos ganchos de cobre en la parte alta, en los que debería sostenerse alguna escalera. Los graneros son redondeados, debido a que el material del que están construidos, según creo, es un tipo de cemento muy duro. También se ha encontrado un material gris en la caverna que tiene desconcertados a los científicos, ya que de momento no lo han podido identificar. Parece platino. Esparcidas generosamente por todo el suelo hay "apatitas u ojos de gato", una piedra preciosa amarilla de poco valor. Cada una de las piedras lleva gravada una cabeza de tipo malaya»

Los jeroglíficos

«En todas las urnas, en el dintel de las puertas, en la pared, en las tablillas de piedra encontradas al lado de la estatua hay misteriosos jeroglíficos que el Instituto Smithsonian espera descifrar. Lo gravado en las tablillas probablemente tiene algo que ver con la religión del pueblo que habitó en la caverna. Se han encontrado jeroglíficos similares en el sur de Arizona. Entre los grabados de tipo pictórico encontrados solo hay dos animales, de los cuales uno es prehistórico».

«Hay una cosa sobre la que no he hablado, que puede ser interesante mencionar. Hay una habitación en el pasadizo que no tiene ventilación, y cuando nos acercamos a ella un olor extraño, como a muerto, nos dejó helados. Con nuestra linterna no teníamos suficiente luz para penetrar la densa penumbra y, hasta que no contemos con mejor iluminación, no sabremos lo que contiene la habitación. Algunos dicen que hay serpientes, otros rechazan esta idea y creen que puede haber un gas mortal o algún producto químico utilizado por esas gentes. No se oye ningún ruido, pero la habitación sigue oliendo a demonios. Todo el conjunto de la caverna con sus pasadizos subterráneos da escalofríos y pone los pelos de punta. La oscuridad se siente como un gran peso en la espalda, y las linternas y velas solo la vuelven más negra. La imaginación se dispara en conjeturas y ensoñaciones diabólicas a través de los tiempos, hasta que la mente acaba por dar vueltas vertiginosamente en el espacio».

Una leyenda india

En relación con esta historia, cabe resaltar que entre los indios hopi, que vuelven a aparecer al igual que en el capítulo de *La Ciudad Lagarto,* hay una tradición que cuenta que sus ancestros vivieron en el pasado en un mundo subterráneo en el Gran Cañón hasta que surgieron enfrentamientos entre "los buenos" y "los malos", los que tenían un solo corazón y los que tenían dos. Machetto, su jefe, les aconsejó que abandonaran el mundo subterráneo, pero no había ninguna salida. El jefe entonces hizo crecer un árbol que agujereó el techo del mundo subterráneo y, así, las personas de un solo corazón salieron a la superficie. Permanecieron en *Paisisvai* (el río Rojo), que es el río Colorado, y cosecharon maíz y otros cereales.

Mandaron un mensajero al Templo del Sol, pidiendo la bendición de la paz, la buena voluntad y la lluvia para el pueblo de un solo corazón. El mensajero nunca volvió. Pero todavía hoy en los pueblos hopi, a la puesta del sol, los ancianos de la tribu salen de las chozas para mirar el sol, buscando a lo lejos al mensajero. Cuando vuelva, recuperaran sus tierras y su antiguo hogar. Esta es la tradición. ¿Curiosa verdad? Según Kinkaid, entre los grabados de animales que hay en la cueva, se ve la imagen de un corazón que sale a la superficie desde el interior de la montaña.

EXPLORATIONS IN GRAND CANYON

Mysteries of Immense Rich Cavern Being Brought to Light.

JORDAN IS ENTHUSED

Remarkable Finds Indicate Ancient People Migrated From Orient.

The latest figas of the progress of the explorations of what is now regarded by scientists as not only the oldest archaeological discovery in the United States, but one of the most valuable in the world, which was recounted some time ago in the Gazette, was brought to the city yesterday by G. E. Kinkaid, the explorer who found the great underground citadel of the Grand Canyon during a trip from Green river, Wyoming, down the Colorado, in a wooden boat, to Yuma, several months ago. According to the story related yesterday to the Gazette by Mr. Kinkaid, the archaeologists of the Smithsonian Institute, which is financing the explorations, have made discoveries which almost conclusively prove that the race which inhabited this mysterious cavern, hewn in solid rock by human hands, was of oriental origin, possibly from Egypt, tracing back to Ramses. If their theories are borne out by the translation of the tablets engraved with hieroglyphics, the mystery of the prehistoric peoples of North America, their ancient arts, who they were and whence they came, will be solved. Egypt and the Nile and Arizona and the Colorado will be linked by a historical chain running back to ages which staggers the wildest fancy of the fictionist.

A Thorough Investigation.

Under the direction of Prof. S. A. Jordan, the Smithsonian Institute is now prosecuting the most thorough explorations, which will be continued until the last link in the chain is forged. Nearly a mile underground, about 1480 feet below the surface, the long main

feet ventilation of the cavern, the steady draught that blows through, indicates that it has another outlet to the surface.

Mr. Kinkaid's Report.

Mr. Kinkaid was the first white child born in Idaho and has been an explorer and hunter all his life, thirty years having been in the service of the Smithsonian Institute. Even briefly recounted, his history sounds fabulous, almost grotesque.

"First, I would impress that the cavern is nearly inaccessible. The entrance is 1486 feet down the sheer canyon wall. It is located on government land and no visitor will be allowed there under penalty of trespass. The scientists wish to work unmolested, without fear of the archaeological discoveries being disturbed by curio or relic hunters. A trip there would be fruitless, and the visitor would be sent on his way. The story of how I found the cavern has been related, but in a paragraph: I was journeying down the Colorado river in a boat, alone, looking for mineral. Some forty-two miles up the river from the El Tovar Crystal canyon I saw on the east wall, stains in the sedimentary formation about 2000 feet above the river bed. There was no trail to this point, but I finally reached it with great difficulty. Above a shelf which hid it from view from the river, was the mouth of the cave. There are steps leading from this entrance some thirty yards to what was, at the time the cavern was inhabited, the level of the river. When I saw the chisel marks on the wall inside the entrance I became interested, secured my gun and went in. During that trip I went back several hundred feet along the main passage, till I came to the crypt in which I discovered the mummies. One of these I stood up and photographed by flashlight. I gathered a number of relics, which I carried down the Colorado to Yuma, from whence I shipped them to Washington with details of the discovery. Following this the explorations were undertaken."

The Passages.

"The main passageway is about 1 feet wide, narrowing to 9 feet toward the farther end. About 57 feet from the entrance, the first side-passages branch off to the right and left, along which, on both sides, are a number of rooms about the size of ordinary living rooms of today, though some are 30 or 40 feet square. These are entered by oval-shaped doors and are ventilated by round air spaces through the walls into the passages. The walls are about 3 feet 6 inches in thickness. The passages are chiseled or hewn as straight as could be laid out by an engineer. The ceilings of many of the rooms converge to a center. The side passages near the entrance run at a sharp angle from the main hall, but toward the rear they gradually reach a right angle in direction.

The Shrine.

"Over a hundred feet from the entrance is the cross-hall, several hundred feet long, in which was found the idol, or image, of the people's god, sitting cross-legged, with a lotus flower or lily in each hand. The cast of the

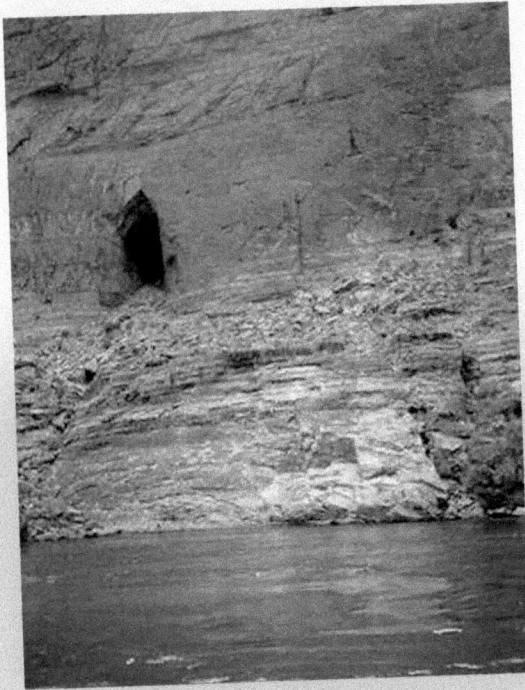

Este acantilado
se dice que es
la entrada de la
cueva que lleva
a la misteriosa
ciudadela
subterránea.

La ciudad subterránea construida por EE.UU. en Groenlandia (Camp Century)

El coronel del ejército de los Estados Unidos, John H. Kerkering, fue el militar puesto al frente de un ambicioso proyecto que debía construir una ciudad subterránea bajo el hielo de Groenlandia.

Era 1959 y la Guerra Fría entre norteamericanos y soviéticos estaba en uno de sus puntos álgidos. Bajo el nombre en clave de "Proyecto Iceworm", el Centro de Desarrollo e Investigación Polar de los Estados unidos puso en marcha todo un entramado para construir una ciudad subterránea, llamada Camp Century, bajo las capas de hielo de la isla ubicada a 800 kilómetros al sur del Polo Norte, entre los océanos Atlántico y Glaciar Ártico. Era una disposición táctica y geográfica que lo hacía idóneo para cumplir sus objetivos de defensa nuclear de cara a sus enemigos.

El lugar elegido para realizar el proyecto fue una meseta a 6.180 pies (unos 1.883 metros) sobre el nivel del mar y con una temperatura media de unos -23 grados centígrados, aunque podía llegar a alcanzar los -56 grados.

Unas potentes tuneladoras fueron trasladas hasta el lugar, realizando todo un entramado de largos pasillos subterráneos que acabaron albergando una central nuclear, cuyo coste de traslado había superado los 5 millones de dólares.

Los 30 edificios interiores estaban realizados con placas de madera prefabricadas y en ellas se encontraban las viviendas, biblioteca, servicios médicos y religiosos, lugares de ocio y servicio (cantina, teatro, peluquería, lavandería), almacenes, laboratorios y todo lo imprescindible para llevar una vida lo más placentera posible en un lugar tan hostil; aparte de poder realizar con normalidad el trabajo encomendado a los militares que allí residían (85 en época de invierno y aproximadamente 200 en verano).

El suministro de agua que recibía Camp Century se realizaba a través de un bombeo de vapor de un pozo de hielo, por el que el elemento líquido que se utilizaba pertenecía a la nieve caída sobre Groenlandia dos mil años antes.

A través de una línea ferroviaria de más de 3 kilómetros se conectaban los veintiún túneles interiores y una calle central de aproximadamente 1000 metros de larga.

Todo se preparó para simular un centro de investigación y experimentación científica, pero en realidad escondía todo un entramado de defensa militar que había decidido trasladar hasta allí aquel centro de operaciones debido a su perfecta ubicación a medio camino entre Nueva York y Moscú.

Pero todo aquel monumental montaje que tuvo un coste de 8 millones de dólares (60 millones si lo trasladamos a nuestros días), de poco sirvió, ya que, tras varios años de construcción, apenas tuvo una producción activa, abandonando el proyecto en el año 1966.

El mayor problema que se encontraron fue el movimiento de los glaciares, ya que este amenazaba con colapsar los túneles y, tal y como se dio por finiquitado, fueron derrumbándose.

Hasta 1997 no se dieron a conocer los detalles del Proyecto Iceworm, tras desclasificarse los documentos por parte del instituto danés de política exterior, que facilitó un informe a petición del parlamento de su país que dio debida cuenta de los planes norteamericanos en Groenlandia, pues hay que tener en cuenta que la isla pertenece a Dinamarca y esta se había declarado, en 1957, territorio libre de armamento nuclear. Detalle este último que pareció olvidársele a Estados Unidos.

Uno de los pasillos bajo el hielo de Groenlandia.

La base se abastecía de agua con una torre de 150 pies en el hielo. Un serpentín de calentamiento derretía el hielo para obtener agua potable.

La dureza extrema de las condiciones climáticas supuso todo un reto durante la construcción.

Estación de Investigación de Camp Century, vista desde el aire a principios de 1960.

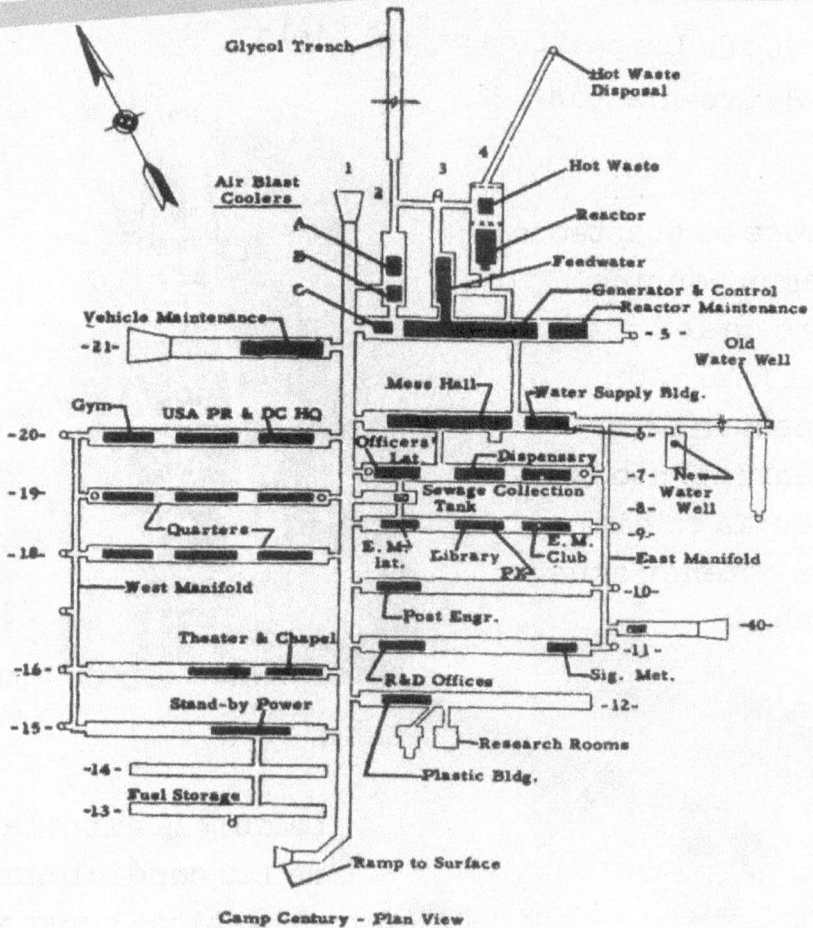

Camp Century - Plan View

Distribución de la base.

Otro de los corredores de Camp Century

La ciudad subterránea que Mao mandó construir bajo Pekín

Durante la etapa de la Guerra Fría en la que estaban enfrentados los dos potentes bloques que dominaban el planeta, el máximo dirigente de la República Popular China ideó un mecanismo para que los más de 6 millones de habitantes que residían en Pekín, también llamada Beijing, pudieran salvar sus vidas en caso de un ataque nuclear. Para ello, a finales de los años 60, mandó construir todo un entramado subterráneo que albergase suficiente espacio para sus ciudadanos.

Era la ciudad subterránea de Pekín, un lugar que jamás se tuvo que utilizar y que permaneció cerrado al público durante varias décadas, debido al mutismo por parte del gobierno chino y su secretismo respecto al tema. Varios centenares de miles de ciudadanos chinos fueron utilizados como mano de obra para llevar a cabo un proyecto de diez años (1969-1979) en el que se construyeron 85 kilómetros cuadrados de ciudad subterránea bajo la capital China. Entre ellos, escuelas, teatros, cines, restaurantes, oficinas, hospitales, fábricas e incluso alguna pista de patinaje... Todo un mundo escondido bajo la tierra para poder llevar una vida alejados de la amenaza de la Guerra Fría.

Sin embargo, el hipotético ataque nuclear nunca se produjo y la metrópolis quedó en el olvido. Se tapiaron todos los accesos y nada se supo de este lugar hasta bien entrado el siglo XXI.

Parte de ese espacio fue utilizado como almacén por el Gobierno. Aquellos que habían conseguido acceder, utilizaban alguno de sus espacios como lugar de reunión, como algún que otro colectivo de jóvenes urbanos, niños que bajaban a jugar por los largos pasadizos e incluso ciudadanos que habilitaron algunas partes para montar un negocio y utilizarlo como tienda o albergue a bajo precio.

En la actualidad no se puede bajar, pero teniendo buenos contactos y sabiendo dónde y a quién preguntar, es posible conseguir un acceso desde alguna de las numerosas puertas que se encuentran dentro de diferentes locales y/o negocios repartidos por toda la ciudad de Pekín. Hay toda una red de guías turísticos clandestinos que por unos pocos yuanes te llevan de excursión por una parte de esta "ciudad enterrada".

Uno de esos accesos rápidos utilizado por bastantes turistas y curiosos que desean visitar la ciudad subterránea está en la siguiente dirección: 62 Damochang West Street, Qianmen.

Acceso actual para turistas de la ciudad subterránea de Pekin, también llamada Beijing

Una de las salas

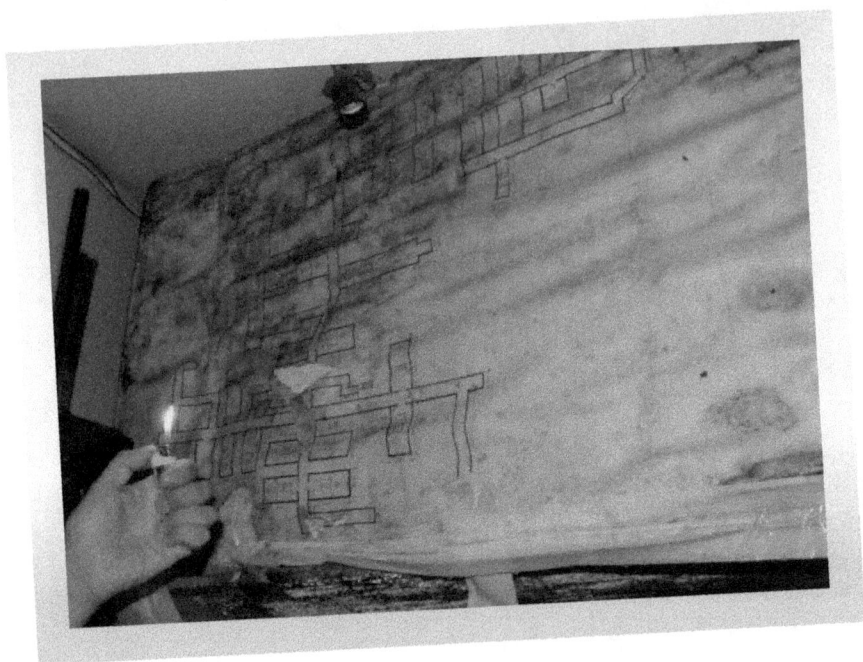

Plano de "orientación" que se puede encontrar en uno de los tuneles de la ciudad subterránea de Pekin.

La sorprendente ciudad subterránea de Derinkuyu

La región de la Capadocia (Turquía) es famosa no solo por su importante pasado histórico sino también por su característico paisaje geológico (declarado Patrimonio de la Humanidad por la UNESCO), en el que nos podemos encontrar infinidad de viviendas que fueron construidas en el interior de sus montañas, y más de 200 ciudades subterráneas, aunque tan solo hay una treintena de ellas accesibles.

Entre todas ellas destaca la que se encuentra bajo la ciudad de Derinkuyu, en la Anatolia Central, una sorprendente y perfecta red de túneles y estancias con una capacidad para albergar a más de 10.000 personas (algunas fuentes apuntan que hasta 20.000), y cuya construcción tiene una antigüedad aproximada de 3.500 años.

Todo parece indicar que fue construida por el pueblo hitita, quienes, por esa época, estuvieron asentados en la zona, y como medio de defensa ante cualquier imprevisto ataque enemigo.

La ciudad subterránea de Derinkuyu tiene una veintena de niveles de profundidad y, aunque no se ha alcanzado el tope y solo se ha llegado hasta los 40 metros subterráneos (8 niveles), se calcula que la parte no accesible puede alcanzar los 85 metros.

El descubrimiento casual de este lugar ocurrió en 1963, cuando el propietario de una casa-cueva (muy típica en la zona) tiró una pared y se encontró que su vivienda comunicaba con otra estancia de la que salía un túnel.

Tras ser inspeccionado por expertos, se comprobó que se trataba de una milenaria construcción, la cual estaba perfectamente diseñada para vivir largas temporadas sin tener que salir al exterior para nada, gracias a sus espacios adecuados para hacer la función de almacén de alimentos, el lugar donde tener los animales y, además, tenerlo todo perfectamente ventilado gracias a los precisos conductos de ventilación que habían construido.

También disponía de agua potable gracias a un río subterráneo y a numerosos pozos que se realizaron. En caso de ser atacados, el lugar quedaba herméticamente cerrado por unas puertas circulares de piedra cuyo peso aproximado era de media tonelada.

Resulta curioso observar que este pueblo, contando con los elementos más rudimentarios para construir ese lugar, no se olvidase de los espacios dedicados al ocio (como bares) o salas de culto en las que podían encomendarse a sus divinidades (la hitita era conocida como "la religión de los mil dioses").

Cabe destacar que la estructura de la ciudad subterránea de Derinkuyu estaba estratégicamente diseñada para poder esconderse y huir en caso de que penetrase algún intruso, ya que disponía de escondrijos y recovecos imposibles de encontrar si no se conocía bien el lugar.

El único punto débil a toda esta ciudad eran sus pozos, a través de los cuales cualquier enemigo podría haber introducido veneno que iría a parar a las aguas subterráneas que después debían consumir sus habitantes. Algo que no han terminado de descartar los investigadores y expertos de que así ocurriera y fuese uno de los modos con los que los Pueblos del Mar atacasen y acabasen con los hititas.

Desde 1969, ocho niveles de esta sorprendente ciudad subterránea de Derinkuyu están abiertos a los visitantes, habiéndose convertido en uno de los puntos turísticos de mayor afluencia de la región de la Capadocia.

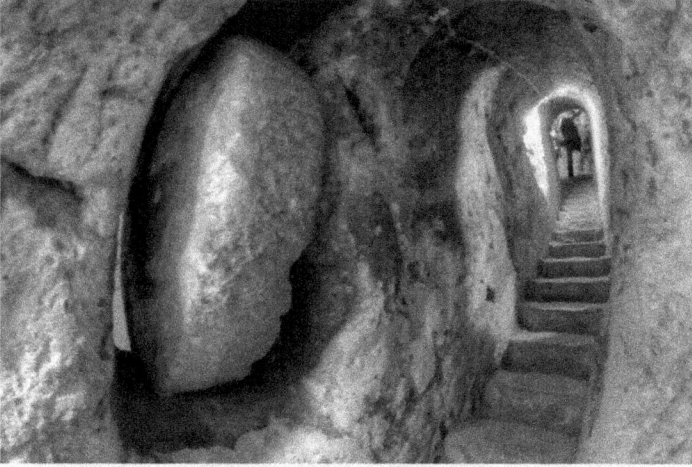

Escaleras para acceder a otro nivel de la ciudad (Wikipedia.org)

Una de las galerías de Derinkuyu (Wikipedia.org)

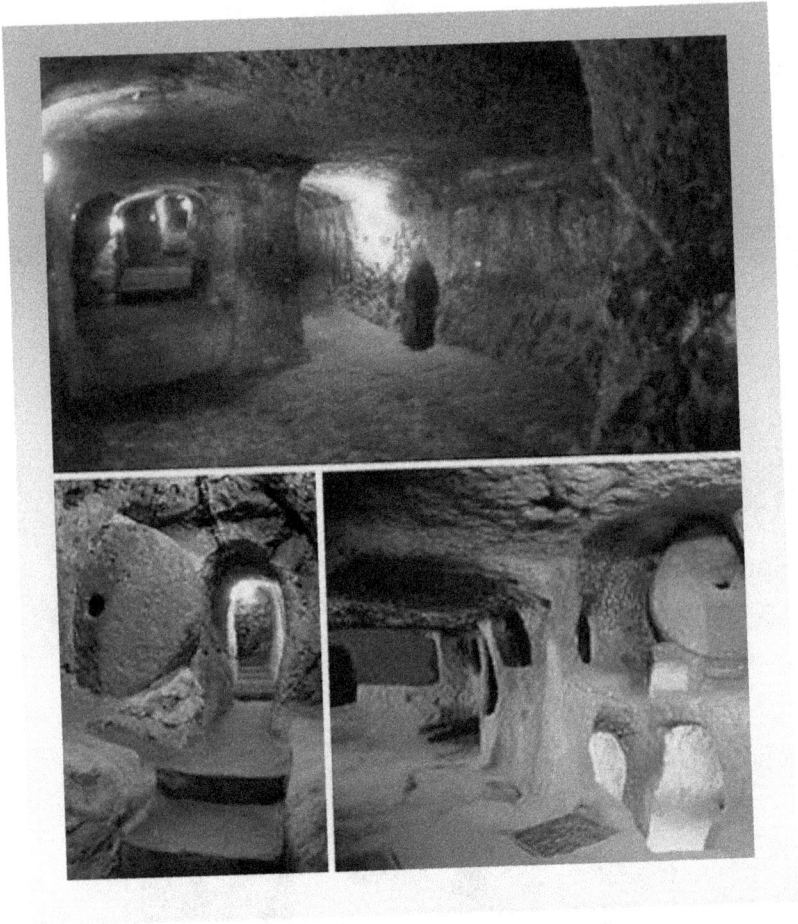

Varios espacios de la ciudad subterránea de Derinkuyu (ephesustoursguide.com)

Metro-2

La instalación que nos ocupa ahora no es ni una base ni una ciudad subterránea. Si bien es cierto, tal vez podría conectar algunas bases o bunkers que a su vez estarían repartidos por una gran ciudad como Moscú. En cualquier caso, su capacidad y dimensiones lo hacen merecedor de estar en esta sección de Ciudades Subterráneas.

Después de la II Guerra Mundial se comenzaron a construir refugios antiaéreos para proteger a los civiles ante un posible bombardeo nuclear. Pero los altos cargos del Gobierno y del Ejército necesitaban una protección especial en tiempos de guerra, tan solo ellos podían tomar decisiones y aplicar medidas para salvar el país. Algo que ya hemos visto repetidamente en este libro.

Se construyeron refugios especialmente protegidos, en completo secreto y en diferentes partes de la ciudad. Los gobernantes también tenían medios de transporte seguros para escapar de la ciudad en caso de bombardeo. El metro normal no era apropiado por su bajo nivel de protección así que se construyó un segundo metro que conecta los principales refugios del Gobierno y los centros de mando subterráneos y que también tiene unas largas radiales que van fuera de las fronteras de la ciudad hasta unos enormes refugios en la periferia. Los moscovitas bautizaron este sistema como Metro-2.

No estamos destapando ningún secreto de Estado, las pruebas de la existencia de estos sistemas son públicas. Primero están las tapas de los pozos y los sistemas de ventilación situados en diferentes partes de la ciudad. Las líneas del Metro de Moscú se construyeron con un método de perforación profunda que excavaba una galería de 6 metros de diámetro y 60-70 metros de profundidad para alcanzar el nivel donde realmente comienza la construcción de la línea. Posteriormente la galería se usa para transportar máquinas excavadoras hasta el nivel de la excavación y para retirar la tierra.

Una vez que se ha terminado la construcción se cierra la galería y cuando se abre es para llevar a cabo trabajos. En los años 70 se abrió una de esas galerías junto a la Plaza Roja, dentro del edificio de Gostinni Dvor y se podía ver en las fotos panorámicas del Kremlin.

Hoy en día se puede ver otra de esas galerías cerca de la estación de metro de Kitái-gorod, cuando se sabe que la construcción del suburbano civil aquí lleva parada décadas. También ha habido algunas pocas galerías activas en la periferia y en los límites de la ciudad donde no hay metro. El descuidado aspecto, casi abandonado, de las galerías y de los quioscos de ventilación contribuyen a su secretismo, pero al mismo tiempo están bien protegidas y es imposible infiltrarse.

También se pueden hallar pruebas dentro del Metro de Moscú. En algunas estaciones hay escaleras bloqueadas y puertas que dan a "ninguna parte". También está la famosa línea sin salida que se puede ver a la izquierda del tren cuando se va desde Sportívnaya hasta Universitet. La línea, según informan los exploradores aficionados, termina en una inmensa puerta cercana que se cree que es una de las entradas del Metro-2.

Una fuente interna le ha relatado al *Rusia Hoy* que los oficiales que tienen acceso al Metro-2 tan solo tienen permiso para una de las partes del sistema. Ninguno de ellos sabe cuántos niveles de autorización existen, por lo que nadie puede ver el conjunto, ni tener todo el plano, lo que hace que la desclasificación de toda la instalación sea prácticamente imposible.

En 1992, el escritor Vladimir Gonik publicó *Preispodnyaya (El mundo interior)*, una novela basada en veinticinco años de investigación bajo el suelo de Moscú que provocó un gran impacto entre los rusos y que le supuso, entre otras cosas, un par de reuniones nada agradables con algunos oficiales del KGB interesados en saber cómo se había documentado. En ella, contaba la huida de un fugitivo por el subsuelo moscovita y el mundo subterráneo con el que se topa.

Un año antes, el Departamento de Defensa estadounidense había publicado un informe titulado *Fuerzas militares en transición* donde describía una supuesta red de transporte militar construida por los soviéticos. También se hacía eco de los rumores sobre un gigantesco búnker bajo el edificio de la Universidad Estatal de Moscú e incluso acompañaron el documento con un mapa del supuesto entramado militar.

Más tarde, en 1992, la popular revista *Ogonek* bautizaría esta red como Metro-2.

Las autoridades no reconocen oficialmente su existencia pero tampoco la desmienten e incluso han dejado escapar alguna que otra declaración bastante jugosa, como el antiguo director del Metro de Moscú, Dimitry Gayev, quien negó tener que ver con la existencia del Metro-2, aunque "le extrañaría mucho que no existiese".

También se han dado ciertas situaciones que han contribuido, ha dicho de una manera indulgente, a alimentar los rumores.

En 2006, Shalva Chigrinsky, responsable del proyecto de remodelación del distrito situado frente al Kremlin denunció que durante la demolición del famoso Hotel Rossiya, sus trabajadores fueron hostigados por oficiales del FSB (Servicio Federal de Seguridad) tras encontrar un sistema de túneles y hasta un búnker con capacidad para 4.000 personas bajo los cimientos.

El famoso Hotel Rossiya fue construido en 1967 con una capacidad para 3.000 personas, lo que le valió el reconocimiento como el más grande del mundo entonces. Una de sus funciones fundamentales era la de alojar a la plana mayor del Partido Comunista durante sus reuniones en el Kremlin, situado justo enfrente. Las leyendas que se cuentan de este lugar en tiempos de la Guerra Fría son tan extensas que darían para varios artículos.

En 2008, Svetlana Razina, directora del Sindicato Independiente de Trabajadores del Metro, reconoció a la revista *Argumenty y Fakty* que unos años atrás se llevó a cabo una selección de personal entre los trabajadores del depósito de Izmailovo para las líneas secretas. Se presentaron muchos a la convocatoria pero solo seleccionaron a uno.

La misma revista había publicado en 2001 una polémica entrevista a un antiguo comandante del KGB exiliado en Inglaterra desde 1985 tras haber trabajado como agente doble para los servicios británicos durante once años donde declaró que Metro-2 es «el secreto más grande del KGB que aún no ha sido descubierto» y que en esos túneles el KGB «controla armas de un gran poder y tiene montadas ciudades enteras».

Lógicamente, no hay confirmación por parte de las autoridades, aunque sí que han admitido ciertos hechos como que la actual línea azul (Filevskaya), fue construida en principio para llevar a Stalin hasta el Kremlin, información que confirmó en 2004 Vladimir Shevchenko, ex consejero de Gorbachov, Yeltsin y Putin.

El mandamás soviético era muy dado al secretismo y de todos es conocida su obsesión por protegerse de intentos de asesinato de todo tipo. Bajo su mandato, se cree que se construyó no solo una red secreta de transporte subterráneo, sino un enorme complejo de búnkeres destinados a la supervivencia de toda la estructura del Partido Comunista y del ejército en el eventual caso de guerra nuclear con EE.UU.

De todos estos núcleos distribuidos en teoría bajo la capital rusa, la ciudad subterránea de Ramenki-43 se lleva la palma. Este particular Shangri-la soviético, del que no hay tantos datos como rumores, estaría situado bajo el distrito moscovita del mismo nombre a unos 2 km bajo el suelo y tendría capacidad para albergar a 15 mil personas para un período máximo de dos años, en unas instalaciones equipadas hasta con piscinas y salas de cine... Y sí, como podrán imaginar, la ciudad subterránea de Ramenki también tenía parada para el Metro-2.

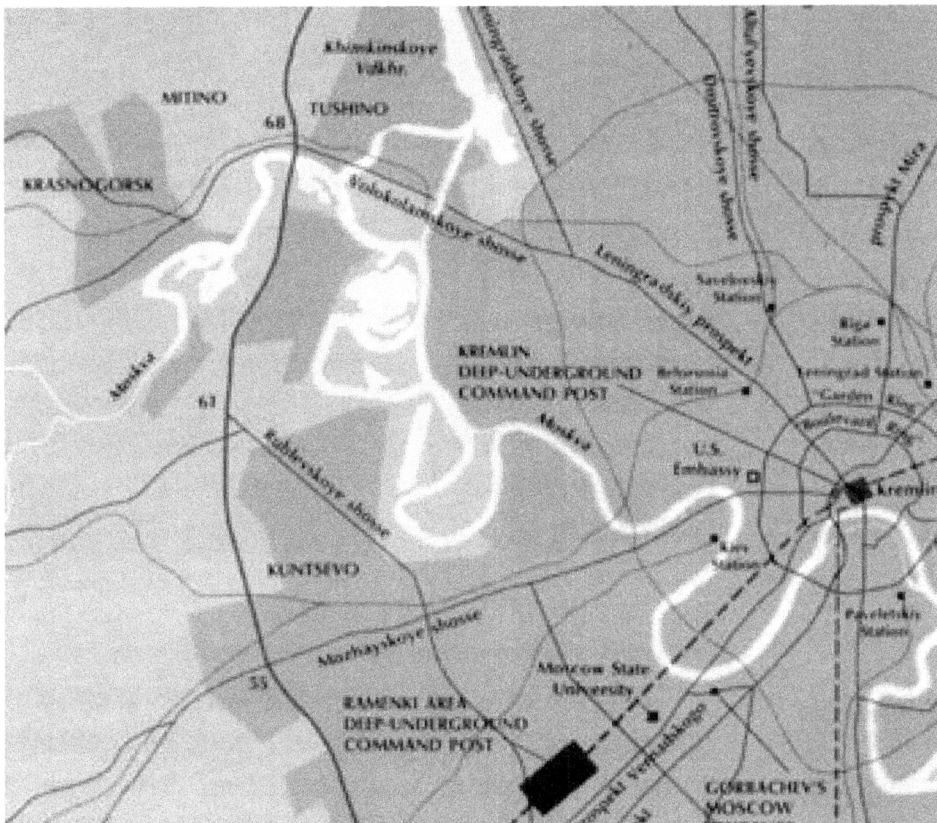

Mapa del Sistema Metro-2 supuesto por la Inteligencia
Militar Estadounidense (De "Military forces in transition.
DOD." (metro.ru) wikipedia Commons)

De "Military forces
in transition. DOD."
(metro.ru)
Diferentes accesos
a Metro-2 según la
Inteligencia Militar
Estadounidense.

CIERRE

Al termino de este libro me ha ocurrido algo curioso, digno de dejar plasmado en estas páginas finales.

Hoy he despertado con el recuerdo de lo soñado muy nítido. En ese sueño mi mujer y yo paseábamos por la calle, de repente todo el mundo comienza a mirar sus teléfonos móviles, todos suenan al unísono. Se trata de un mensaje de emergencia, donde se insta a la población a buscar refugio. En pocos minutos una inmensa bola de fuego cruza el cielo, esta tan cerca que el rugido que deja a su paso es fácilmente perceptible. El impacto hace temblar todo, las caras de la gente son de autentico terror e incredulidad. Yo, en mi sueño, no puedo más que pensar en que todo parece una película, pero al mismo tiempo me doy cuenta de que esta pasando realmente. A mis pensamientos vienen todos mis seres queridos que en ese momento no están junto a mi, pienso en cuál será su suerte en esos instantes. No me da tiempo a mucho más, una inmensa y violenta ola de agua oscura llega hasta nuestro refugio, que parece ser un sótano de un gran edificio. Rápidamente nos damos cuenta de que hay que subir para evitar morir ahogados, todo a mi alrededor es caos y desesperación...

«China construye grandes refugios subterráneos para evacuar a la población en caso de terremotos», así informaba la agencia de noticias Xinhua. Uno de estos búnkeres, que ocupa una superficie de 16 hectáreas y tiene capacidad para 6.600 personas, será inaugurado próximamente en el centro de Nankín, una megápolis de más de 7,5 millones de habitantes situada en la provincia de Jiangsu, en el este del país. El refugio está provisto de hospitales, depósitos de alimentos y hornos incineradores de basura. Esas instalaciones garantizan subsistencia autónoma durante cuatro semanas. China movilizó la construcción de refugios subterráneos tras el devastador seísmo de Sichuan que causó más de 87 mil muertos y 374 mil heridos el 12 de mayo de 2008. Millones de personas perdieron sus hogares a causa de aquel terremoto de 8 grados en la escala Richter, el más poderoso de los últimos 30 años. La capital china, Pekín, cuenta ya con una quincena de refugios antisísmicos que dan cabida a 200 mil personas. En china, gran parte de la población está protegida. Y es que cuando los chinos se ponen, son únicos a la hora de ejecutar obras faraónicas.

En Suiza, toda la población, más de seis millones de personas, tiene refugios NBQ (refugios Nuclear, Bioquímico, Químico). Existen más de 260 mil refugios y cada persona no solo tiene una plaza sino tres: en casa, en el trabajo, y en la escuela para sus hijos. En Suecia, el 80%, ocurre lo mismo para siete millones de personas. En Noruega, Dinamarca y Finlandia, más del 50%. En Israel, el 100%. En Estados Unidos y Rusia, algo más del 50%, aunque con sistemas diferentes. En Singapur se está llevando a cabo un plan para proteger a toda la población. Posiblemente, 300 o 400 millones de personas, quizá más, están ya protegidos en caso de ataque con armas de destrucción masiva, así como en caso de accidente tecnológico o catástrofe natural.

¿Y tú? ¿Tienes algún plan?

Murcia, Mayo de 2016

FUENTES CONSULTADAS

- http://www.bbc.co.uk/wiltshire/underground_city/360_gallery_1/index.shtml
- http://www.elconfidencial.com/alma-corazon-vida/2015-09-24/boveda-fin-mundo-guerra-siria-banco-semillas_1035320/
- http://sociedad.elpais.com/sociedad/2012/05/25/actualidad/1337976780_014561.html
- http://www.magrama.gob.es/es/parques-nacionales-oapn/centros-fincas/quintos/ficha-tecnica.aspx
- http://www.elmundo.es/espana/2015/03/09/54fcb84d-22601d011b8b4585.html
- http://www.monarquiaconfidencial.com/espana/OTAN-visitado-Felipe-VI-Torrejon_0_2493350647.html
- http://www.bibliotecapleyades.net/egipto/esp_egipto_grandcanyon_sp.htm#Revelada.La_Ubicaci%F3n_de..._
- http://metro.ru/metro2/
- http://es.rbth.com/cultura/2014/01/06/bunkeres_sovieticos_y_el_secreto_metro-2_de_moscu_36017
- http://www.bldgblog.com/2011/01/project-iceworm/
- http://gombessa.tripod.com/scienceleadstheway/id9.html
- http://china.org.cn/english/travel/125961.htm
- http://www.bunker42.com/index.php?lang=en

*9 788494 542220 *